Nada como leer en tu idioma.

Fútbol memorable

New York, NY

Colección  Énfasis

Fútbol memorable

Luciano Wernicke

Sudaquia Editores
New York, NY

FÚTBOL MEMORABLE BY LUCIANO WERNICKE
Copyright © 2022 by Luciano Wernicke. All rights reserved
Fútbol memorable

Published by Sudaquia Editores
Collection design by Sudaquia Editores
Illustration on page 23 by Roberto Fontanarrosa

First Edition Sudaquia Editores: March 2022
Sudaquia Editores Copyright © 2022
All rights reserved.

Printed in the United States of America

ISBN-10 1944407758
ISBN-13 978-1-944407-75-9

10 9 8 7 6 5 4 3 2 1

Sudaquia Group LLC
New York, NY

For information or any inquires: central@sudaquia.net

www.sudaquia.net

The Sudaquia Editores logo is a registered trademark of Sudaquia Group, LLC

This book contains material protected under International and Federal Copyright Laws and Treaties. Any unauthorized reprint or use of this material is prohibited. No part of this book may be reproduced or transmitted in any form or by any means, electronic or mechanical, including photocopying, recording, or by any information storage and retrieval system without express written permission from the author / publisher. The only exception is by a reviewer, who may quote short excerpts in a review.

This book is a work of fiction. Names, characters, places, and incidents either are products of the author's imagination or are used fictitiously. Any resemblance to actual persons, living or dead, events, or locales is entirely coincidental.

Índice

La boda	25
Gol dorado	26
El gol de la valija	27
El punto	28
La urna	29
Tres al precio de uno	30
Tres rojas en cuatro días	31
El pistolero	32
Extraña elección	33
Jugar contra nadie	35
Caído del cielo	37
Les metieron el perro	39
Al revés	41
Tormenta feroz	43
Festejo desmedido	45
Queja acelerada	46
Vendido	47
El consejo	48
Olvidos	50
El indeciso	51
La compensación	53

Improperios	55
Díscolo	57
Amnistías	58
Reproche al desnudo	62
Enemigos íntimos	63
Tres al precio de uno	64
Para el otro lado	65
Roja al verde	66
Sin arquero	68
Besos	70
Reacciones locas	74
Cambio y adentro	77
Perfume de mujer	79
Inoportuno	82
En vivo y en directo	83
Goleadores inesperados	85
El disfraz	87
Al dente	89
Amarillo, rojo y negro	90
La hora, referí	92
Tres partidos en un día	94
Homenaje en vida	95
Media goleada	97
Un parejo 9-0	98
Sentados en una silla	99
Arena	101
Conquistas ahogadas	103

Vergüenza afuera	104
No por mucho apabullar...	105
Party	107
El señor de los anillos	109
Una gaviota no hace verano, ¡pero sí goles!	111
¡Qué par de...!	112
Bandera entrometida	114
Fútbol playa	116
Larga distancia	118
Resultados apócrifos	120
Vendaval	124
Lo que el agua se llevó	125
¡Rayos!	126
Goleadores en la niebla	127
El discurso del rey	131
Neblina infame	133
El cantante	135
Lo que el viento convirtió	137
Juez de línea de 14 años	138
Banderín por micrófono	140
No sale	142
Solidario	144
Bandera blanca	145
Corazón de león	147
Hat-crac	149
Las instrucciones de Hirschl	151
Gritón	152

El diagnóstico	153
El embustero	155
Entretiempo	156
No cayeron en la tentación	158
¿Para qué te quejaste?	159
Doble descenso	161
"Hat-tricks" fatales	162
Pelotazo en contra	165
Entrenador y camarero	166
Uno por dos	167
Como con la mano	168
Ganar sin patear al arco rival	170
Expulsiones insólitas	171
Regreso del infierno	173
Gallinas	174
El descuido	177
El acuerdo	178
¿Para qué viniste?	180
Éxtasis	182
Fuerza mayor	185
Epidemia	187
La ayuda	190
El sorteo	191
¿A cuántos expulsé?	193
El gran escape	194
El abrazo partido	195
Exhibicionistas	196

Expulsado por su capitán	198
Zapatos	200
El delantero de Dios	202
La sentencia	204
Júbilo roto	206
Amigos son los amigos	210
A los tortazos	211
Tarde para el diablo	212
Soborno honesto	213
Expulsado dos veces... ¡en el mismo partido!	214
En el puesto del padre	216
Juega el hijo, cobra el padre	217
Le hacen un gol al hijo, echan al padre	218
Números borrosos	219
De la guerra al gol	220
Indestructible	222
Cuatro contra once	223
Gracias a los hinchas	224
Pelé y Di Stéfano, dos arquerazos	225
Pan	227
La amonestación	228
Pañuelos	230
"Local" en otro país	231
Duchas de agua caliente	232
Alcanza-pelotas goleador	234
¡Ni con doce!	235
La orgía	236

Qué suerte para la desgracia	238
Delantero y arquero suplente	239
Arquera	241
Intolerancia	243
La hermandad	244
Moto voladora	246
Victoria desinflada	247
El indulto	248
Todo mal	250
En los dos arcos	252
Fumando espero	254
Doblete insólito	255
Arquero a tu zapato	257
Roja para las hinchadas	258
Revancha en pocillo	259
No me voy	261
Motivados	262
Goles caros	264
Olímpicos	266
Belleza	269
Expulsión sobre ruedas	270
Tripleta	271
Echado por destrozón	273
Rojas veloces	274
Expulsado después de jugar	276
Perdón en letras de molde	277
La sorpresa	278

Compasivos	281
Prioridades	282
El souvenir	283
Velatorios	284
Sanción inoportuna	286
Omertà	288
Respeto castigado	290
La expulsión	291
Gol fantasma	292
La suspensión	293
Las piedras del descenso	294
Dile a la lluvia	295
Lesión bienvenida	296
Pelotazo	298
Se rompen pero no abandonan	299
Punto de quiebre	303
Curry maldito	305
Católico	306
Gascoigne, el bufón	307
Ametralladora amarilla	308
Luna de miel	309
La tumba	310
Suspensión original	312
La bruja	314
Festejo caliente	315
Bibliografía	319

Para Héctor *Pity* Altamirano y el *Profe* Fernando Signorini.

"Hay quienes sostienen que el fútbol no tiene nada que ver con la vida del hombre, con sus cosas más esenciales; desconozco cuánto sabe esa gente de la vida, pero de algo estoy seguro: no sabe nada de fútbol".

Eduardo Sacheri

El 26 de octubre de 2013, el deporte más popular y apasionante del mundo celebró un siglo y medio de vida, desde que un grupo de dirigentes se reuniera en el pub londinense Freemason's para crear la *Football Association* y redactar el primer reglamento para un nuevo juego que comenzaba a recorrer un sendero prestigioso. Desde entonces, la pelota ha rodado por un camino vasto y profuso. Este libro no pretende instalarse como "la historia" del fútbol, pero sí como un compendio de historias curiosas, divertidas, sorprendentes. Un repaso de acontecimientos que tal vez no sean los más trascendentales ni figuren en los registros de *Wikipedia*, pero que de todos modos han alcanzado un nivel de interés para no quedar sepultados por las arenas del tiempo. El trabajo no intenta tampoco poner la lupa sobre grandes campeones (equipos ni deportistas) por el solo hecho de haber levantado copas o tenido valiosas actuaciones. Sin embargo, muchos de ellos son citados porque, de camino a la cima, han tropezado con algún episodio llamativo, gracioso, placentero de ser recordado. Por ejemplo, un futbolista marcó los cuatro goles de un partido que finalizó 2 a 2. Un árbitro detuvo un match para buscar la dentadura postiza que había perdido, otro echó a un jugador porque se le había desprendido el número de la espalda. ¡Un gol fue anotado por un perro y otro por una gaviota! Un equipo fue goleado por incluir un arquero manco y otro porque sus futbolistas habían llegado con varias copas de más desde el casamiento de un compañero. Un defensor fue suspendido por una fecha a pesar de que, al momento del fallo, llevaba muerto más de una semana, y otro partido debió suspenderse por la aparición de un iceberg. Estos son apenas algunos de los más de doscientos relatos sorprendentes incluidos en *Fútbol memorable*.

Debo destacar un detalle: en este trabajo se encontrarán muy pocas historias relacionadas con certámenes como los Mundiales, la Copa América o los Juegos Olímpicos, ya que estas competencias tienen su privilegiado espacio en otros de mis libros. Algunas pocas fueron citadas por tratarse de casos muy destacados, otras como contexto de otras curiosidades. Nada de protestas, señor lector, ¡o le sacaré la tarjeta amarilla! No son los quilates de los torneos los que componen el alma de esta obra, sino los mágicos rebotes de la pelota, sin importar cancha, rivalidad ni país. Aclarado esto, lo invito a adentrarse en un mundo asombroso pero real. Bienvenido. Ojalá disfruten de este partido.

Luciano Wernicke

Buenos Aires, junio de 2021.

La boda

El partido de vuelta ante AFC Comprest GIM significó un "doble compromiso" para los jugadores de CS Viitorul Chirnogi. Por un lado, el deportivo, ya que debían afrontar el segundo match de la liguilla de ascenso a la segunda división de Rumania tras un vergonzoso 0-10 a la ida. Por el otro, el humano, ya que uno de los "titulares" se casaba la noche anterior al encuentro definitorio. Uno de los muchachos propuso asumir las dos responsabilidades, y así lo aprobaron todos, aun sabiendo que una boda no era el mejor de los lugares para concentrarse antes del match. La mañana del 20 de junio de 1993, todos los futbolistas de Viitorul Chirnogi se presentaron a jugar borrachos después de tantos brindis a la salud de la nueva pareja. Su actuación, lógico, provocó un resultado "doble", como su visión alcoholizada: 21 a 0 para los frescos atletas de Comprest. Y fue sólo 21 porque el árbitro dio por terminado el match en el minuto 70, cuando sólo seis de los mamados continuaban de pie.

Gol dorado

Cuando se pelean instancias importantes, donde todo se define en un duelo "a todo o nada", los partidos suelen extenderse más de la cuenta. Y, entre tanto cambio de lado, no hay tiempo para nada. En abril de 2000, Surnadal Idrettslag (de la Tercera División) y Sunndal Fotball (de la Segunda) no se sacaban diferencias en el estadio Syltøran, donde se enfrentaban por la copa nacional de Noruega. Pasados los 90 minutos y el primer alargue de 15, el marcador continuaba en blanco. Con tanto nervio, el arquero local, Olav Fiske, impedido de correr hasta el vestuario, decidió eliminar algo de la "tensión" detrás de su portería. Pero el juez no se dio cuenta de esta circunstancia y silbó para permitir que Sunndal sacase desde el centro. El avezado centrocampista Oddvar Torve notó que Fiske continuaba en su asunto y lo aprovechó: lanzó directamente desde el círculo central y la pelota se introdujo mansamente en el arco. "Esta situación me causó una gran vergüenza", aseguró el humillado portero a la prensa después del singular match. Sunndal avanzó hacia la siguiente ronda, y los dirigentes del Surnadal reclamaron la anulación del encuentro y su reprogramación, no por la "macana" de su guardameta, sino por considerar que el referí autorizó la reanudación sin advertir que Fiske no estaba preparado. Su queja fue desestimada por la Federación escandinava, que tomó como legítimo un gol que, más que de "de oro", había sido "dorado".

El gol de la valija

El 27 de mayo de 1934, durante el clásico entre C.A. Peñarol y Club Nacional de Football celebrado en el estadio Centenario de Montevideo, tuvo lugar uno de los casos más inauditos del fútbol uruguayo. En medio de un ataque del conjunto de Peñarol, el delantero brasileño Bahía efectuó un violento disparo contra el arco tricolor, que salió desviado por la línea de fondo. Pero la pelota rebotó en la valija de uno de los masajistas, que presenciaba las acciones detrás de la línea de cal, y retornó al campo de juego. Otro atacante mirasol, Braulio Castro, aprovechó el quedo de la defensa de Nacional para mandar el balón al fondo del arco. El árbitro Telésforo Rodríguez, quien no había notado la extraña situación, convalidó el gol. Furiosos por la determinación del referí, los once jugadores de Nacional se lanzaron sobre él y le propinaron una feroz paliza. Ante semejante alboroto, el clásico debió suspenderse.

El punto

La zurda del talentoso escocés Archie Gemmill pintaba una tarde perfecta en la antigua casa de Derby County F.C., el desaparecido The Baseball Ground. Esa tarde lluviosa del 30 de abril de 1977, el club del "corazón" de Inglaterra vencía a Manchester City F.C. 3-0 y ninguno de los jugadores visitantes podía detener al habilidoso Gemmill. Al menos de manera legal, porque, a cuatro minutos del final, el mediocampista Gary Owen lo taló dentro del área, a la salida de un córner. Penal. El volante local Gerry Daly tomó la pelota y buscó el punto para colocarla, pero la marca de cal había desaparecido en el barro. El vivaz arquero "citadino" Joe Corrigan intentó convencer al árbitro para que colocara el balón casi al borde del área grande, mas su pillería sólo recibió como premio una tarjeta amarilla. Como la búsqueda resultó infructuosa, el referí llamó al intendente del estadio, Bob Smith, quien se presentó con una cinta métrica, un pincel y un tacho con pintura blanca. Luego de estirar el listón hasta los once metros (en realidad, doce yardas, su equivalente según el sistema de medidas utilizado en Inglaterra), Smith tomó la brocha y dibujó un círculo sobre la tierra mojada. Daly colocó la pelota sobre la pintura húmeda, tomó carrera y sacó un derechazo cruzado imposible de detener para Corrigan. Un gol "a medida" para cerrar la victoria 4-0.

La urna

El recio portero del estadio Benito Villamarín de Sevilla se puso firme: "No puede entrar con eso". "¡Pero —replicó el joven hincha verdiblanco— tengo aquí su pase anual!". El guardia tardó unos segundos en recuperarse de la sorpresa, mas mantuvo su postura, terminante: "Aunque tenga pase, es peligroso. Está prohibido ingresar con un objeto contundente. Si lo lanza al campo o a otro sector de la tribuna, puede generar serios daños". "¿Cómo voy a tirar al campo una urna funeraria?", se planteó el muchacho, defraudado y angustiado por la negativa. Pero, de inmediato, se le ocurrió una brillante idea. Se dirigió a un supermercado cercano, compró un cartón de leche, lo vació en el cordón de la vereda y, con unas tijeras prestadas, improvisó un envase "permitido" para su padre. Mejor dicho, para las cenizas de su padre. El hombre, en su lecho de muerte, había pedido a su hijo seguir asistiendo a "ver" a su amado Real Betis Balompié después de que una grave enfermedad se lo llevara al más allá. Así, en un recipiente de inofensivo cartón y con su ticket para la temporada 1995/96, el difunto ingresó al estadio andaluz junto a su obediente chico para disfrutar del primer encuentro "en casa" de la temporada, una victoria 3-1 sobre Real Zaragoza SAD.

Tres al precio de uno

¿Pueden tres jugadores diferentes errar el mismo penal? ¡Por supuesto! A lo largo de este libro se descubrirá que no hay límites en materia de curiosidades futboleras. El 22 de septiembre de 1973, Portsmouth FC recibió en Fratton Park a Notts County FC por el campeonato de Segunda División inglesa. El club visitante tuvo la oportunidad de abrir el marcador mediante un tiro de los once metros, pero el tanteador se mantuvo en blanco porque el disparo fue desperdiciado por Kevin Randall, Don Masson y Brian Stubbs. ¿Cómo fue esto posible? El tiro de Randall fue atajado por el arquero local John Milkins, mas el referí ordenó que se repitiera porque el portero se había adelantado. Randall no quiso afrontar de nuevo la ejecución y dejó su lugar a Masson, quien anotó, aunque la conquista fue invalidada porque el árbitro no había dado la orden de lanzar. Angustiado, Masson cedió su chance a Stubbs, quien aguardó el silbatazo, tomó carrera, pateó y... erró al arco. El infructuoso trío quedó inmortalizado por su impericia aunque, al menos esa tarde, se fue victorioso a su casa de Nottingham por 1-2, gracias a las conquistas de dos de sus avispados compañeros, Arthur Mann y Les Bradd.

Tres rojas en cuatro días

¿Alguien podrá igualar el récord del torpe defensor albanés Agim Shabani? Este zaguero del club noruego Fredrikstad FK fue expulsado por reiteradas faltas el 24 de junio de 2007, día en el que su club cayó como visitante por 2 a 1 ante Strømsgodset IF por la Premier League del país nórdico. Al día siguiente, Shabani —de apenas 19 años— fue convocado para jugar un encuentro de reserva. El muchacho no pudo con su genio y otra vez vio la tarjeta roja por pegar unas cuantas patadas. El 27, 48 horas más tarde, el joven defensor volvió a vestir la camiseta blanca de Fredrikstad FK por la Copa de Noruega, ante Nybergsund IL-Trysil. Esa jornada, todo el estadio estuvo pendiente de la actuación del albanés, y este no defraudó: Shabani volvió a ser echado y su equipo cayó, como local, 1-2. Si este muchacho no figura en el Guinness es porque a nadie se le ocurrió informar esta fantástica "hazaña" de tres rojas en cuatro días al prestigioso libro de los récords.

El pistolero

La selección de Perú que participó del Mundial de Uruguay 1930 tuvo como técnico a un madrileño llamado Francisco *Paco* Bru Sanz, un inquieto personaje que se desempeñó como jugador, entrenador y también árbitro. En su primera etapa, *Paco* Bru actuó en el FC Barcelona entre 1906 y 1911, pasó luego al Reial Club Deportiu Espanyol de Barcelona por cuatro temporadas y retornó al equipo blaugrana para retirarse en 1916. De inmediato, y antes de emprender una prolongada carrera como técnico por España, Cuba y Perú, Bru decidió seguir ligado al futbol aunque como árbitro. Según el libro "Morbo: the story of Spanish football", del periodista británico Phil Ball, el día de su debut con la camiseta negra, *Paco* fue a cambiarse al mismo vestuario que utilizaban los jugadores de las dos escuadras del partido que le habían asignado. Allí, ante el asombro de los veintidós protagonistas, extrajo un revólver *Colt* de su saco y lo apoyó en uno de los bancos. Tras calzarse la ropa oscura, tomó el arma, se la acomodó en la cintura del pantaloncito y la cubrió con la camisa negra. Consciente de que 44 ojos lo observaban en medio de un gélido silencio, Bru exclamó: "Quiero garantizar que sea un partido tranquilo, teniendo en cuenta que es el primero que dirijo". Esa tarde, no se escuchó una sola queja de los jugadores en contra de los fallos del referí. Fue el encuentro más apacible en la historia del futbol español.

Extraña elección

Poco antes del comienzo del campeonato de primera división de Argentina de 1906, el legendario arquero José Laforia pasó a Alumni Athletic Club y dejó a su ex escuadra, Barracas Athletic Club (ambas instituciones hoy desaparecidas del universo futbolero), sin un reemplazante titular. Ante esta situación de emergencia, Barracas, que no tenía un portero suplente, se vio obligado a probar distintos jugadores "de campo" bajo los tres palos, mas como ninguno de ellos se destacaba en esa función, la búsqueda prosiguió fecha a fecha con un nuevo candidato para el puesto vacante. El 26 de agosto de ese año, los hombres de Barracas debían trasladarse a la localidad bonaerense de Campana —situada a unos 60 kilómetros al norte de la Ciudad de Buenos Aires— para enfrentar a Reformer Athletic Club, un modesto conjunto integrado por los empleados de un frigorífico. Esa fría mañana, solamente ocho futbolistas se presentaron en la estación de trenes de Retiro para efectuar el viaje hacia la cancha rival. Ya de camino a Campana, los jugadores decidieron una estrategia revolucionaria para contrarrestar la desventaja numérica: se le encomendó la difícil tarea de custodiar los tres palos a Winston Coe, uno de los socios fundadores del equipo, quien habitualmente se desempeñaba como defensor por la derecha. Pero las tácticas planeadas de poco sirvieron frente al conjunto completo de Reformer, que se adjudicó una contundente victoria por 11 a 0 ante el desmembrado oponente porteño. Empero, las crónicas de la época —entre ellas, la del diario La Nación— elogiaron la labor de Coe, quien, a pesar de un importante defecto físico, fue el principal responsable de que Barracas no sufriera una goleada aún más humillante. Y no era para menos, ya que al improvisado arquero... ¡le faltaba el brazo izquierdo!

Jugar contra nadie

Hampden Park estaba desbordado. Los diarios de Glasgow aseguran que ese 19 de abril de 1879, día en el que se jugó la final de la Copa de Escocia entre Rangers FC (institución local que ya empezaba a sumar una popular hinchada y que todavía no había obtenido ningún título) y Vale of Leven Football & Athletic Club (escuadra de la ciudad de Alexandria), el coliseo recibió una multitud "nunca vista" para seguir el juego "dentro y fuera del estadio". Las nueve mil localidades se agotaron y el encuentro debió retrasarse media hora mientras la policía luchaba a brazo partido para ordenar a los espectadores en las tribunas y a los casi tres mil que quedaron fuera, sin entradas, en la calle. El juego comenzó y Rangers fue una tromba que rápidamente abrió el marcador por medio de Willie Struthers. El goleador no se conformó y, poco después, volvió a doblegar al arquero rival, Robert Parlane, con un violento pelotazo. Pero, como los arcos todavía no se vestían con redes, el balón rebotó en un espectador situado en la tribuna y, tan rápido como salió, volvió a la cancha. La jugada sorprendió al referí, que no vio cómo la pelota traspasaba la línea de meta. El juez ordenó que la jugada continuara, a pesar de las protestas de los jugadores de Rangers. En la segunda etapa, Vale of Leven aprovechó un error del arquero rival, George Gillespie, para igualar el marcador, que quedó equilibrado hasta el final. Los futbolistas e hinchas de Rangers estaban indignados. Sus dirigentes protestaron el resultado y ofrecieron el testimonio de la persona que había recibido el pelotazo del no convalidado gol de Struthers, un profesor de cirugía de la Universidad de Glasgow, "un caballero de cuya palabra no podría dudar ningún fan de Vale". No obstante el reclamo, la Scottish Association mantuvo el resultado y ordenó que la final volviera a jugarse una semana después en el mismo escenario. Sin embargo, el 26 de abril, sólo un equipo se presentó en el césped de Hampden Park: Vale of Leven. Los hombres de Rangers faltaron a la cita en repudio a la posición de la entidad a cargo de la orgnización del fútbol.

A la hora señalada, y ante la ausencia de los futbolistas "azules", el árbitro dio la orden y arrancó un ridículo match de Vale contra... ¡nadie! John Mc Dougall, el capitán, movió hacia adelante y fue tocando el balón con James Baird y Peter McGregor hasta enterrarlo en la portería vacía. El juez —tal vez avergonzado por el innecesario espectáculo— dio por terminada la historia y el equipo de Alexandria levantó la copa por segunda vez. En la plaquita agregada en la base del trofeo, donde figuran todos los campeones, se escribió: "Vale of Leven, Rangers no apareció".

Caído del cielo

Un partido de fútbol es un excelente blanco para campañas publicitarias, tanto comerciales como políticas. La masiva concurrencia y la vasta heterogeneidad de espectadores hacen del estadio un punto clave para la propaganda. Así lo entendió el 21 de marzo de 1948 un intrépido promotor que, tras subirse a una avioneta, se dirigió por los aires al Gemeentelijk Parkstadion donde estaban jugando el equipo local, Koninklijke Boom FC, y Beerschot Antwerpen Club por el torneo de primera división de Bélgica. El piloto, que había cargado el aparato con volantes publicitarios, descendió, tomó un paquete y lo lanzó por la ventanilla a una de las graderías. Las hojas se dispersaron hasta formar una colorida nube que llamó la atención de los hinchas, que estiraron sus brazos para saciar su curiosidad sobre el contenido de los papelitos que llovían. ¡Todo un éxito! Envalentonado por la excelente recepción de su estrategia, el hábil agente apuntó la nariz de su aeronave hacia la otra cabecera para repetir la maniobra. Pero un error de cálculo dispuso que, esta vez, el fardo no se deshiciera y cayera, de manera directa, sobre la cabeza del referí. En ese mismo instante, ¡gol de Boom! Mientras el piloto escapaba, consciente de que se había mandado una gran macana, los jugadores y los jueces de líneas atendieron al árbitro, que se recompuso del golpe, por suerte leve. El juez avaló la conquista a instancia de sus colaboradores, puesto que no la había visto, y el juego prosiguió con normalidad. El club local finalmente perdió por 3 a 4, una derrota que pareció caída del cielo.

Les metieron el perro

Cuesta muchísimo creer esta historia, aunque varios prestigiosos diarios ingleses, como "The Independent", juran que fue verdad. En noviembre de 1985, los equipos Knave of Clubs FC y Newcastle Town FC se enfrentaban en Monks Neil Park por el certamen regional Staffordshire Sunday Cup. Con el marcador desfavorable 0-2, uno de los defensores de Knave of Clubs envió un pelotazo al campo contrario en pos de acertar el pase a alguno de sus compañeros de camiseta blanca. El balón no llegó a ninguno de los albos, pero sí a un travieso perrito que se había metido en la cancha. El intruso corrió el balón y, con una simpática pirueta, lo cabeceó a la red ante un impávido arquero. El atrevido can escapó tan rápido como había ingresado, acompañado de las carcajadas de los 22 futbolistas, los árbitros y un puñadito de espectadores. Las risas, eso sí, duraron poco para la mitad de los jugadores, porque el referí, con una evidente ignorancia reglamentaria, dio por válida la conquista. Según la normativa, "en caso de que un balón adicional, un objeto o un animal entre en el terreno de juego durante el partido, el árbitro deberá interrumpir el juego únicamente si dicho balón, objeto o animal interfiere en el juego". De poco sirvieron las protestas de los muchachos de Newcastle Town, en especial la del portero, que insistía en indicarle al hombre de negro que había dejado actuar al animalito porque su acción no estaba contemplada fuera de código. "Justamente —retrucó el árbitro—, en el reglamento de la Football Association no se hace referencia a ningún perro". Frente a la necia actitud del juez, los perjudicados futbolistas de Newcastle decidieron volver al partido. A pesar del referí y del insólito gol recibido, los damnificados finalmente lograron una irreprochable victoria por 3 a 2.

Al revés

A la hora de protestar la sanción de un penal, los referís deben sufrir rabiosas quejas de los futbolistas en sus propias narices. Esta escena es tan común en los campos, que el proceder del rumano Remus Danalache dio la vuelta al mundo por su originalidad. El 16 de octubre de 2011, durante un caldeado FC Petrolul Ploieşti-Clubul Sportiv Universitar Voinţa Sibiu, por la primera división rumana, los jugadores visitantes querían asar a la parrilla al árbitro Andrei Chivulete, al que responsabilizaban por su derrota parcial 3-1. Además, lo acusaban de haber echado injustamente al volante Claudiu Bunea, a los 30 minutos, y al arquero Bogdan Miron, a los 48. La gota que colmó la paciencia de los muchachos de Vointa llegó a los 90 minutos, cuando Chivulete sancionó un inexistente penal para Petrolul. Ocho de los damnificados proclamaron ácidas protestas sobre el rostro del referí. En cambio, el portero suplente Remus Danalache, el noveno que quedaba en cancha, optó por dar la espalda a la situación, literalmente. Danalache, quien había ingresado en reemplazo de Rares Forika tras la expulsión de Miron, decidió quejarse de la actuación del juez de un modo muy original: afrontó el tiro de once metros... ¡de espaldas al pateador! Así, Daniel Oprita, quien ya había anotado dos veces esa tarde, mandó el balón a la red mientras el arquero permanecía inmóvil. Chivulete, de manera inexplicable porque el portero estaba correctamente parado sobre la línea de meta, anuló la conquista, ordenó que el disparo se repitiera y amonestó a Danalache. Oprita volvió a convertir el 4-1 porque el guardameta mantuvo estática su protesta, aunque esta vez de cara al ejecutante. Al finalizar el encuentro, Danalache explicó a la prensa que su original postura había sido acordada con sus compañeros y con el entrenador, Alexandru Pelici. Impresionados por el sorpresivo proceder del portero, los hinchas de Petrolul despidieron a los jugadores rivales con aplausos y vítores. Quien no recibió ninguna salutación fue Chivulete: según el diario deportivo Gazeta Sporturilor, el referí fue suspendido por seis meses debido a varios graves errores, entre ellos haber ordenado la reiteración del penal "de espaldas".

Tormenta feroz

A todos nos ha pasado. Un inoportuno retorcijón primero incomoda, luego fastidia y finalmente se vuelve insoportable. Nada se puede hacer ante semejante flagelo. Mucho menos, jugar al fútbol. El 12 de abril de 1999, Fabián Binzugna, arquero del club Deportivo Morón, le solicitó al árbitro Rubén Favale que suspendiera provisoriamente el partido ante CSD Defensa y Justicia, por la B Nacional (segunda categoría argentina), porque los dolores de intestino lo tenían a maltraer. A los 25 minutos del segundo tiempo, el club del oeste del conurbano bonaerense ya había realizado los tres cambios y el inodoro más cercano estaba en el vestuario, a unos cien metros de la meta del desesperado Binzugna. "Si tiene que ir al baño lo esperamos, es el arquero", explicó Favale, piadoso frente a los cólicos que atormentaban al portero. El juego se detuvo, pero no los pies del golero, que huyó hacia los sanitarios. Camino a los camarines, Binzugna fue asistido por el preparador físico del equipo, que lo ayudó a quitarse los guantes y el buzo. Pero, cuando nada parecía interponerse con el alivio, Binzugna descubrió con pavor que los tres inodoros del vestuario estaban ocupados por quienes habían sido reemplazados minutos antes: los zagueros Gonzalo Martínez y Luciano Kirokián, y el delantero Fernando Rodríguez, todos descompuestos como él. Al enterarse del apremio de su compañero, Rodríguez, el menos urgido, le dejó su lugar a Binzugna, quien se quitó rápidamente de encima el problema y retornó a la cancha. Más atenuado, el guardavallas opinó al término del encuentro que su necesidad habría sido consecuencia de una intoxicación alimenticia grupal a causa de algún producto en mal estado que habían almorzado, porque la indisposición había alcanzado también a sus tres camaradas de retrete. Uno que la ligó de rebote fue el pobre utilero de Morón, que debió soportar en carne propia (en sus pies, en verdad) el malestar de Martínez, porque el defensor inició su descarga varios metros antes de sentarse en el excusado.

Festejo desmedido

Posiblemente, ver tantas imágenes de arqueros sudamericanos como Rodrigo Ceni, René Higuita y José Luis Chilavert nublaron el empeño del "1" de TSV Bayer 04 Leverkusen, Hans-Jörg Butt. El 17 de abril de 2004, en el estadio Veltins Arena de Gelsenkirchen, Leverkusen vencía 1-2 al dueño de casa, Fußball-Club Gelsenkirchen-Schalke 04, en una nueva fecha de la Fußball-Bundesliga, la máxima categoría alemana. A los 75 minutos, el referí Jörg Kessler otorgó un penal a la escuadra visitante y hacia el área rival salió disparado Butt, con la cabeza bien alta, para hacerse cargo de la falta. Con un derechazo alto y cruzado, el portero doblegó a su colega Christofer Heimeroth y salió eufórico a abrazarse con todos sus compañeros para festejar el 1-3. El arrogante Butt no sólo perdió mucho tiempo con su celebración, sino que la efectuó en su propio terreno, lo que habilitó al delantero local Mike Hanke a reiniciar el juego con un pelotazo directo desde el punto central, que se clavó en la desguarnecida red visitante. El torpe de Butt pudo festejar, al menos, que el encuentro se cerró sin nuevas conquistas y con la victoria de su equipo.

Queja acelerada

No debe haber registro de penales que no hayan sido protestados. Si no se quejan los jugadores, lo hace el técnico. Los hinchas, por supuesto, rezongan siempre. Lo que sin dudas no tiene parangón es la original venganza que, en 1965, tomó un futbolista de la liga yugoslava contra el juez Platon Rejinac, quien se había atrevido a sancionar la pena máxima en contra de Fudbalski Klub Crvena Zvezda Beograd (Estrella Roja de Belgrado) a sólo un minuto del final y con el marcador igualado. Mientras diez de los jugadores rodeaban a Rejinac para defenestrar el honor de toda su familia, el onceavo integrante del equipo damnificado abandonó el terreno por una puerta lateral en aparente calma. Sin embargo, lo que pareció un frío descontento pronto se transformó en locura: al volante de su automóvil, el futbolista irrumpió en el estadio, destruyó el alambrado y comenzó a perseguir al árbitro por toda la cancha para atropellarlo. Después de algunos minutos de asombrosa tensión, el desequilibrado jugador pudo ser controlado por la policía y condenado días después a dos años de cárcel por "intento de homicidio". La nota cómica la dio la asociación de fútbol de Yugoslavia, que suspendió al enajenado deportista por solamente dos años.

Vendido

Bradford City AFC y Doncaster Rovers FC estaban preparados para enfrentarse, el 14 de marzo de 1936, por la Segunda División inglesa. Los dos equipos estaban en la cancha pero el juego se demoraba: uno de los jueces de línea no se había presentado en el estadio Valley Parade. El árbitro a cargo del encuentro intentó encontrar un reemplazante, pero no había nadie en el lugar que aceptara actuar como asistente. Cuando el referí anunció que el match debía cancelarse, el jugador visitante George Flowers —quien había viajado como eventual sustituto pero había quedado fuera del plantel, ya que en ese entonces los cambios no estaban autorizados— se ofreció para reemplazar al línea ausente. Al finalizar la contienda, los futbolistas de Doncaster no miraron con muy buenos ojos a su compañero Flowers. Primero, porque habían perdido 3 a 1 sin ningún tipo de ayuda de su parte; segundo, porque retornaban a casa con menos dinero en el bolsillo que su infame camarada: ellos habían recibido una libra y 10 chelines cada uno por haber sido derrotados, mientras que a Flowers le correspondió la paga regular de un juez de línea para un partido, de una libra, 11 chelines y 6 peniques.

El consejo

Muchos jugadores "de campo" han atajado penales en canchas de todo el mundo, al tener que reemplazar bajo los tres palos a arqueros expulsados o lesionados. Ninguna de estas hazañas contó con una ayuda notable como la que recibió el defensor chileno Cristian Álvarez, el 12 de octubre de 2002. En medio de un caldeado clásico Universidad Católica-Universidad de Chile, empatado 1-1, el referí Carlos Chandía concedió un penal para los visitantes. El portero local, Jonathan Walker, no pudo hacerse cargo de la defensa de su meta por lastimarse en la jugada previa, en un violento choque contra su rival Mauricio Pinilla. Como la escuadra Católica ya había realizado las tres sustituciones permitidas, Álvarez se calzó los guantes para enfrentar al lanzador Pedro González. Segundos antes de pitar la autorización del remate, Chandía, imprudente, acercó su boca a la oreja de Álvarez para decirle "a tu izquierda va a ir, tirate a tu izquierda". Dicho y hecho, el defensor voló hacia ese costado y contuvo el disparo. La historia tuvo un final feliz para Universidad Católica, mas no para Chandía. Como su inoportuno consejo había sido captado por los micrófonos de ambiente de la televisión, el insólito percance se propagó por todos los medios de comunicación y encendió un escándalo nacional. Al día siguiente, la Asociación Nacional de Fútbol Profesional abrió un expediente y, después de evaluar el caso, determinó que, si bien el árbitro no podía saber a ciencia cierta hacia dónde saldría el tiro de González, su irresponsabilidad y su enorme bocaza bien debían costarle una fecha de suspensión.

Olvidos

El 6 de mayo de 2009, cuando Rosenborg Ballklub recibió a Fredrikstad F.K. por la séptima fecha de la primera división noruega, el árbitro Per Ivar Staberg dejó en su camarín la tradicional moneda para sortear qué equipo saca primero. Para no retornar al vestuario y demorar el inicio del encuentro, Staberg tuvo una original idea: invitar a los dos capitanes, Mikael Dorsin y Hans Erik Ramberg, a practicar el tradicional juego infantil "piedra, papel o tijera" para determinar al ganador. La ocurrencia pintó sonrisas en los rostros de los 15 mil espectadores, que se divirtieron viendo cómo Ramberg precisaba de tres intentos (en los dos primeros ambos habían elegido la misma opción) para ganar su derecho a sacar primero.

Otro despistado, Oscar Sequeira, debió expulsar "de palabra" al paraguayo Celso Ayala, de CA River Plate, el 31 de agosto de 1997, día en el cual el equipo "millonario" perdió en su casa 1-3 ante CA Rosario Central por la liga argentina. ¿Por qué? Porque había olvidado su acrílico rojo en el guardarropas. El zaguero guaraní se tomó el mal trago con bastante buen humor: "La verdad, no entendía nada. ¡Me echaron sin sacarme tarjeta!", comentó con una sonrisa al ser consultado por la prensa.

El indeciso

El reglamento autoriza al referí a modificar su decisión únicamente si se da cuenta de que es incorrecta o, si lo juzga necesario, conforme a una indicación por parte de un línea o del cuarto árbitro, siempre que no haya reanudado el juego o finalizado el partido. Esta disposición es de gran utilidad, excepto que se abuse de ella y el remedio resulte peor que la enfermedad, como ocurrió en Israel en agosto de 2009. Ese día, durante el segundo tiempo del duelo de primera división Maccabi Tel Aviv FC-Bnei Sakhnin FC, el referí Assaf Kenan convalidó un gol del equipo local, marcado por el armenio Ilya Yavruyan, el tercero de su cuenta, que sellaba la victoria por 3 a 1. Sin embargo, segundos más tarde y a instancias de uno de sus jueces de línea, Kenan cobró una falta de un hombre de Maccabi en la jugada previa a la conquista. Hasta ahí, una decisión, se podría decir, coherente. Pero, a raíz de la vehemente protesta de los jugadores locales, insultos incluidos, el árbitro volvió a cambiar su fallo, validó el tanto de Yavruyan y ordenó que el partido se reanudara desde el círculo central. La nueva medida encendió, entonces, a los muchachos de Sakhnin, que se abalanzaron sobre el referí para reclamarle, de muy mal modo y en medio de amenazas de retirarse de la cancha, que se mantuviera firme en anular la conquista. El blandito de Kenan cedió una vez más a los reclamos y dispuso que el match continuara 2-1, frente al desconcierto de los ocho mil espectadores que se habían reunido en el Bloomfield Stadium. El marcador, de todos modos, se cerró con un inapelable 3-1 luego de que el local Sherran Yeini sentenciara el pleito a un minuto del final. ¿Si hubo algún expulsado? Kenan todavía no lo decidió.

La compensación

Selhurst Park, Londres, 4 de enero de 1998. Córner para el equipo local, Wimbledon FC, que iguala sin goles ante Wrexham FC por la tercera ronda de la F.A. Cup, ya en tiempo adicionado. Patea Neil Ardley, la pelota vuela, rebota en la cabeza de Marcus Gayle y termina en la red. ¿Un triunfo agónico? Para el árbitro, Steve Dunn, no. El inoportuno referí había soplado su silbato un instante antes, con el balón en el aire, para dar fin al match. Los futbolistas de la escuadra londinense y su entrenador, Joe Kinnear, piden a los gritos a Dunn que se suba a la parrilla para comerlo con papas esa misma noche. No hay caso: el juez se niega a ser cenado y, encima, mantiene firme su decisión de cerrar el encuentro con el tanteador en blanco. Aunque sabe que metió la pata.

Racecourse Ground, Wrexham, Gales, 13 de enero de 1998. Wrexham FC y Wimbledon FC están otra vez frente a frente en el "replay" que debe definir cuál de los dos pasa a la siguiente ronda de la célebre copa. El silbato, otra vez en boca de Steve Dunn. El match, otra vez empatado, aunque 2-2. Otra vez, ataca Wimbledon. Otra vez lanza un centro Neal Ardley y otra vez cabecea Marcus Gayle a la red. Otra vez polémica: uno de los jueces de línea levanta su banderín para marcar una supuesta posición adelantada de Gayle. Dunn rompe el "replay": esta vez sí convalida el tanto. Según el árbitro, el goleador inglés —que ese mismo año vestiría la camiseta de Jamaica en el Mundial de Francia— está bien habilitado. Ahora son los galeses los que quieren linchar a Dunn. Mucho más cuando, a segundos del final, no concede un claro penal de Alan Kimble, quien había derribado de una patada al zaguero local Mark McGregor dentro del área. Pitazo final y Wimbledon pasa de ronda. En el viaje de regreso a casa, Dunn está tranquilo. A costa de una injusticia, se hizo justicia.

Improperios

El 8 de noviembre de 1972, por la sexta fecha del Torneo Nacional argentino, CA Huracán superaba en Parque de los Patricios a CA Estudiantes de La Plata 2-0. Los visitantes pugnaban por descontar y, poco antes del final del primer tiempo, lograron que el árbitro Washington Mateo les cobrara un penal, producto de una clara infracción. Sin embargo, a instancias de uno de los jueces de línea, que había visto la falta varios metros más atrás, Mateo cambió el disparo de once metros por un tiro libre fuera del área "quemera". La trascendental decisión irritó a los jugadores albirrojos, que desaprobaron el canje con enérgicos gestos y términos soeces dirigidos hacia el hombre de negro. En medio de la "montonera", el referí sacó su tarjeta roja y se la mostró al volante central Carlos Alberto De Marta, de quien creyó haber escuchado un nítido y grosero insulto. El match prosiguió y Huracán, con la diferencia numérica a su favor, estiró su ventaja a un 5-1 final. Mateo elevó su informe y una semana después De Marta fue citado a declarar por el Tribunal de Disciplina de la Asociación del Fútbol Argentino. El jugador pasó por la sede de la calle Viamonte 1366, se presentó ante el cuerpo y, un día después, lo que pudo haber sido una dura sanción sólo se convirtió en una fecha de suspensión por "protesta de fallo", según el expediente 6506 asentado en los registros de la entidad. ¿Por qué se dispuso aplicar un castigo tan leve? El tribunal consideró que el volante difícilmente había podido articular una injuria claramente audible por Mateo, y no sólo por el bochinche que imperaba en ese momento: ¡De Marta era sordomudo de nacimiento!

Díscolo

En enero de 1965, la federación del estado brasileño de São Paulo suspendió al referí Albino Zanferrari por quince días, debido a su desempeño en el caliente clásico Santos FC-Botafogo de Futebol e Regatas, ganado por la escuadra visitante. "Dirigió con personales reglas de juego", remarcó en su dictamen el tribunal de la federación que estudió el caso. ¿Qué terrible error había cometido Zanferrari? Haber mostrado la roja a Edson Arantes do Nascimento, el famosísimo "Rey" Pelé.

Amnistías

El 19 de octubre de 1996, el estadio Millerntor de FC Sankt Pauli von 1910 fue escenario de un hecho único: en apenas unos minutos, un jugador vio la tarjeta roja, dejó la cancha, fue perdonado y volvió al juego. El extraordinario caso se concretó a raíz de una confusión del árbitro Jürgen Aust durante el duelo entre el equipo local y Sport-Club Freiburg por la Fußball-Bundesliga. En el segundo tiempo, el defensor Dieter Frey (camiseta número 2) cometió una fuerte falta y fue amonestado por Aust. El referí, de inmediato, expulsó a Frey porque, según sus anotaciones, el zaguero había recibido una amarilla en la primera etapa. Exasperado porque no recordaba haber recibido otra tarjeta, el jugador corrió hacia el vestuario para sacarse la calentura con una ducha fría. Cuando ya estaba bajo el agua, Frey fue llamado por un asistente de su entrenador, Volker Finke. Uno de los líneas había advertido al árbitro que el amonestado en la mitad inicial había sido Martin Spanring (casaca "5") y no Frey, por lo que Aust dio marcha atrás con la roja y detuvo las acciones hasta que el expulsado se reincorporara. El defensor volvió a vestirse y retornó a la cancha, mas de poco sirvió la amnistía: Friburgo cayó de todos modos 2 a 0.

Otro referí que modificó su colorada decisión fue Juan Carlos Moreno, en el duelo que en diciembre de 1998 protagonizaron CA Ituzaingó y Defensores de Cambaceres por la Primera C argentina, aunque por una razón bien diferente. Moreno sancionó una infracción del delantero visitante Luis Alberto Monteporzi, quien montó en cólera y reprochó airadamente el fallo con fuertes insultos. El juez, acosado por los exabruptos del jugador, metió la mano en el bolsillo y, al extraer de allí su tarjeta roja, se escurrieron algunos billetes que descansaban junto al acrílico. El dinero comenzó a desparramarse por el césped con la ayuda de algunas ráfagas y los jugadores de Cambaceres (entre ellos el mismo Monteporzi), con gran habilidad, lo reunieron rápidamente y se lo devolvieron a Moreno. Ablandado por el noble gesto, el referí cambió roja por amarilla. Con sus once hombres en la cancha, Defensores se impuso 1-3.

En 1952, antes de que se establecieran la Copa Libertadores de América y la Copa de Campeones de Europa, un grupo de empresarios venezolanos creó un torneo de clubes que tuvo mucha repercusión y un nombre muy pretencioso: La "Pequeña Copa del Mundo". Este campeonato, que no tenía un sistema de clasificación, se desarrollaba como un cuadrangular disputado por clubes seleccionados a dedo de Europa y América, como Real Madrid CF, FC Barcelona, AS Roma, Sport Lisboa e Benfica, CA River Plate, Botafogo de Futebol e Regatas, São Paulo FC o Club de Regatas Vasco da Gama. El torneo se desarrolló durante once años, hasta 1963. Ese año, mientras se jugaba la Copa, un grupo guerrillero local llamado "Fuerzas Armadas de Liberación Nacional" secuestró nada menos que a la máxima estrella de Real Madrid, el argentino Alfredo di Stéfano. El futbolista permaneció en cautiverio durante 72 horas y, si bien fue muy bien tratado y su vida nunca estuvo en riesgo, el episodio asustó a los equipos extranjeros que se negaron a regresar. La primera edición de la "Pequeña Copa del Mundo" tuvo como gran protagonista, casualmente, a Di Stéfano, aunque no como miembro del club "merengue" sino de Millonarios FC de Colombia, su primer equipo fuera de Argentina. El 27 julio de 1952, Millonarios —al que le llamaban "El ballet azul" por la calidad de sus jugadores y el color de su camiseta— enfrentó, casualmente, a Real Madrid en el estadio del club local Universitario de Caracas. El encuentro ofreció un fantástico espectáculo de gran nivel técnico con algunas pinceladas de juego brusco. Uno de esos ásperos episodios lo protagonizaron el propio Di Stéfano y el delantero gallego Manuel Fernández Fernández, alias "Pahiño", quienes se tomaron a golpes de puño en medio de la cancha (una curiosidad extra: un año más tarde, el argentino llegaría a Real Madrid y desbancaría a Pahiño quien, sin lugar entre los titulares, emigraría a Deportivo La Coruña). El arbitro local, Rubén Sainz, echó a los dos combatientes, mas ninguno quiso salir del campo. La negativa y la falta de tarjetas rojas —inventadas una década y media más tarde— originaron una enérgica discusión que se extendió durante 15 minutos, hasta que Sainz se hartó y ordenó que el match prosiguiera con sus 22 protagonistas originales. El duelo terminó 1-1 y el gol de Millonarios, lógico, lo anotó Di Stéfano, pocos minutos después de haber gozado de la indulgencia del referí.

La tercera final de la Copa Intercontinental de 1967 entre Celtic FC de Escocia y Racing Club de Argentina (habían ganado respectivamente como locales los partidos de "ida y vuelta") fue una carnicería. El desempate, jugado el 4 de noviembre en el estadio Centenario de Montevideo, tuvo más de boxeo y lucha libre que de fútbol. Los veintidós protagonistas demostraron conocer un notable repertorio de puñetazos y patadas que repartieron a destajo, por lo que el duelo no fue nada fácil para el árbitro paraguayo Rodolfo Pérez Osorio. Según indicó el periódico español "El Mundo Deportivo", de alguna manera imparcial, "el partido ha sido de una gran dureza, menudeando las acciones violentas y las agresiones". El referí tuvo trabajo extra, ya que, además de tener que lidiar con la barrera idiomática que lo separaba de los europeos, debió expulsar a seis futbolistas: Alfio Basile y Juan Carlos Rulli del equipo argentino, y Robert Lennox, John Hughes, James Johnstone y Robert Auld del bando escocés. Empero, el trascendental match —ganado por Racing 1-0— finalizó con 17 hombres en la cancha. ¿Por qué? Porque Auld —un talentoso volante héroe de la final europea jugada en Lisboa ante FC Internazionale Milano de Italia— se negó a abandonar el césped. Pérez Osorio y el mediocampista celta mantuvieron un agrio "diálogo" que terminó cuando el juez se cansó y, en virtud de que faltaban segundos y parecía imposible que se modificara el marcador, ordenó que prosiguiera el encuentro. Con un jugador de más, Racing controló las acciones y obtuvo la primera Intercontinental para el fútbol argentino. Pasado el calor de la final, los dirigentes de ambas escuadras mostraron conductas muy contradictorias: mientras Celtic multó a cada uno de sus hombres con 250 libras por el bochornoso espectáculo pugilístico, los de Racing recibieron un auto per capita. Por la conquista del trofeo, desde luego.

Reproche al desnudo

El técnico de Itaperuna Esporte Clube de Brasil, Paulo Matta, explotó. Además de sufrir "un gol en off side" del atacante rival Edmundo que liquidó 2-3 el duelo del estadio Jair Bittencourt a favor de Club de Regatas Vasco da Gama, por la Copa Carioca de 1997, el árbitro José Carlos Santiago le había echado tres hombres. Furioso por ver diezmado su equipo y su trabajo, Matta saltó a la cancha, se acercó al referí y se bajó los pantalones para mostrarle su trasero. "Le pregunté si también lo quería", se desbocó el técnico ante los micrófonos de la prensa, que se hizo un festival con el insólito episodio. "Fui desnudo porque estoy cansado de trabajar honestamente sólo para ser escandalosamente robado", aseguró el nudista entrenador, que agregó que "el fútbol en Río de Janeiro es una vergüenza". Tras recibir una dura sanción de 400 días de suspensión, Matta resolvió abandonar su carrera de entrenador y comenzar otra... ¡como cantante!

Enemigos íntimos

CA Nueva Chicago se perfilaba como uno de los favoritos para ganar el torneo de Primera B argentino de 1946. La tarde del 27 de abril lo demostraba en su cancha de Mataderos con el baile que le estaba propinando a CA Barracas Central, al que vencía con comodidad 6 a 1. A los 30 minutos del segundo tiempo, el árbitro Carlos Mauri marcó un penal para los dueños de casa. Oscar Meloni colocó la pelota en el punto blanco y midió la distancia para patear, pero antes de iniciar su envión se interpuso en su trayectoria el fornido zaguero Raúl Cocherari. "Vos ya metiste dos, dejame patear a mí", le exigió el defensor. Meloni no se "achicó" y le reclamó a su compañero que se corriera de su camino: "El encargado soy yo". La disputa continuó primero con insultos y luego con golpes de puño, lo que obligó al resto de los jugadores del "Torito" a separar a los contendientes y a Mauri a expulsarlos por agresión recíproca. La ejecución, entonces, no fue para Meloni ni para Cocherari, sino para Manuel Malachane, quien desde los doce pasos anotó el séptimo de Chicago esa jornada. Con dos de sus titulares suspendidos por el fantástico incidente, el club verdinegro perdió el partido siguiente ante CA Los Andes, quebró su ritmo victorioso y se quedó sin el ascenso de la temporada, que le arrebató CA Banfield.

Tres al precio de uno

¿Pueden tres jugadores errar el mismo penal? ¡Por supuesto! A lo largo de este libro se descubrirá que parece no haber límites en materia de curiosidades futboleras. El 22 de septiembre de 1973, Portsmouth FC recibió en Fratton Park a Notts County FC por el campeonato de Segunda División inglesa. El club visitante tuvo la oportunidad de abrir el marcador mediante un tiro de los once metros, pero el tanteador se mantuvo en blanco porque el disparo fue desperdiciado por Kevin Randall, Don Masson y Brian Stubbs. ¿Cómo fue esto posible? El tiro de Randall fue atajado por el arquero local John Milkins, mas el referí ordenó que se repitiera porque el portero se había adelantado. Randall no quiso afrontar de nuevo la ejecución y dejó su lugar a Masson, quien anotó, aunque la conquista fue invalidada porque el árbitro no había dado la orden de lanzar. Angustiado, Masson cedió su chance a Stubbs, quien aguardó el silbatazo, tomó carrera, pateó y... erró al arco. El infructuoso trío quedó inmortalizado por su impericia aunque, al menos esa tarde, se fue victorioso a su casa de Nottingham por 1-2, gracias a las conquistas de dos de sus avispados compañeros, Arthur Mann y Les Bradd.

Para el otro lado

En marzo de 1998, la ciudad inglesa de Scarborough fue escenario de uno de los penales más excepcionales de todos los tiempos. Mientras Tap and Spile FC y Rangers Reserves FC se enfrentaban por una liga local en un match muy parejo, el referí Steve Ripley señaló un disparo de once metros para la escuadra visitante. Antes de que uno de los muchachos de Rangers disparara, el capitán de Tap and Spile, Paul Flack, enfurecido por considerar injusto el castigo, descargó su bronca de un modo muy particular: se metió en su propia área y, tras una corta carrera, mandó el penal a la red en medio de un estupor generalizado. Ripley debió haber invalidado la irregular conquista porque, según el reglamento, el ejecutor deberá ser debidamente identificado; los jugadores del equipo defensor, excepto el arquero, deben permanecer fuera del área, detrás del punto de ejecución y al menos a 9,15 metros del balón; si se infringe alguna de estas reglas, debe repetirse el tiro. Empero, el árbitro, enfadado por la conducta improcedente de Flack, decidió hacer honor a su apellido y aprobar el gol. Un castigo durísimo para el capitán transgresor: Esa tarde, ¡su equipo cayó por 5 a 4!

Roja al verde

Al referí Gary Bailey le molestaba el eco. Cada vez que pitaba, desde un costado de la cancha un silbido idéntico replicaba sus órdenes, lo que confundía a todo el mundo en el estadio comunal de la ciudad inglesa de Hatfield, situada a unos 40 kilómetros al norte de Londres. Bailey soplaba, el juego se reanudaba y la resonancia fantasma paraba todo de nuevo. Así, por supuesto, el choque de cuartos de final del Herts Senior Centenary Trophy, entre Hertford Heath FC y Hatfield Town FC, no podía continuar. Harto de tanto desconcierto, el árbitro paró el juego para determinar el origen del embrollo, hasta que lo encontró en una casa vecina: un verde papagayo senegalés que se divertía de lo lindo imitando al hombre de negro mientras miraba el juego desde su jaula. El plumífero "Me-Tu" era, además, la mascota del equipo local. Con gran sentido del humor, Bailey se acercó a la ventana y mostró su tarjeta ropa al ave, lo que provocó carcajadas a los futbolistas y los 150 espectadores. Luego, tocó el timbre de la vivienda y solicitó a la dueña del papagayo, Irene Kerrigan, que mudara a su mascota a otro sector de la residencia hasta que finalizara el match, pedido al que la mujer accedió de buen modo. Solucionado el fastidioso incidente, el referí reanudó las acciones y el partido se desarrolló sin nuevas interferencias. Hatfield se impuso 2-5 y los eliminados muchachos de Hertford Heath argumentaron con amargura que, indudablemente, la derrota se había definido a partir de la expulsión de Me-Tu, su talismán.

Sin arquero

La "Copa Roca" fue un certamen disputado exclusivamente entre Argentina y Brasil entre 1914 y 1971, de modo esporádico y mutando sus sedes entre Buenos Aires, Río de Janeiro y San Pablo. Se llamaba así como homenaje al ex presidente argentino Julio Roca, quien a principios de la década de 1910 había tenido una destacada actuación diplomática para evitar conflictos bélicos entre ambas naciones. En enero de 1939, un seleccionado albiceleste viajó a Río de Janeiro para enfrentar dos veces a su par local en el estadio São Januário. Aunque Brasil acababa de protagonizar una actuación muy elogiada en el Mundial de Italia de 1938 y tenía como estrella al delantero Leônidas da Silva, goleador de ese torneo con siete tantos, en el primer encuentro, jugado el 15 de enero, su rival albiceleste lo goleó sin misericordia 1-5. La revancha, una semana más tarde, fue más pareja: abrió la cuenta Leônidas, Bruno Rodolfi y Enrique García dieron vuelta el tanteador y, en la segunda mitad, Adilson Ferreira Antunes consiguió la igualdad. A los 86 minutos, un pase de Romeu Pellicciari a Adilson rebotó en la mano del defensor visitante Sabino Coletta. El toque pareció casual, mas el árbitro brasileño Carlos de Oliveira Monteiro marcó el punto de penal, hecho que desencadenó la rabia de los argentinos. El arquero Sebastián Gualco y el defensor

Arcadio López corrieron hacia el referí y lo derribaron a empujones, lo que motivó el ingreso de efectivos de la policía. Los uniformados y los futbolistas albicelestes se trenzaron en una escaramuza pródiga de bastonazos, patadas y trompazos, que pasmó a los 70 mil espectadores. Superados en número y en armamento, los jugadores visitantes retrocedieron y se refugiaron en el vestuario. Sin embargo, el partido no finalizó allí: el referí, en una actitud inaudita, colocó el balón sobre el punto de los once metros y ordenó a sus compatriotas que hicieran efectiva la pena máxima, ¡a pesar de que en la meta argentina no había arquero! Sin ponerse colorado, el delantero José Perácio ingresó al área y disparó a puerta vacía. Con el marcador 3-2 y sin escuadra albiceleste que sacara del medio, De Oliveira Monteiro pitó el final. Mientras los brasileños festejaban su "victoria" sobre el césped, sus rivales aprovecharon para escapar del estadio con la Copa Roca en su poder, convencidos de que la habían ganado en buena ley después de un triunfo y un "empate".

Besos

El club Salto Uruguay FC, el más fuerte de la liga de la ciudad uruguaya homónima —situada a 520 kilómetros al norte de Montevideo—, tenía en un arco al débil Nacional FC de la misma localidad. Salvo el guardameta, todos los jugadores salteños empujaban hacia la portería rival, cuyos hombres se habían "colgado del travesaño" en pos del empate que precisaban para no descender esa misma tarde de junio de 1991. A escasos segundos del final del encuentro, un pelotazo encontró milagrosamente solo al delantero de Salto Sergio León, quien en un descuido de los zagueros quedó "mano a mano" con el desprotegido arquero contrario, en la más propicia situación de gol de todo el partido. El atacante se perfiló, calculó el lugar donde quería colocar el balón y disparó, pero su remate salió totalmente desviado. El alivio envolvió a todos los muchachos de Nacional, en especial al defensor Edgard Olivera, justamente la "marca personal" de León. Olivera se acercó a su oponente y, en una extravagante manifestación de agradecimiento por lo que consideraba una gentileza, le besó la frente. El gesto grosero fue advertido por el árbitro José Sequeira, quien echó en forma directa al besuqueador. Aun con uno menos, Nacional logró que el duelo se completara sin tantos. Más allá de la roja, Olivera festejó, feliz de haber mantenido la categoría.

Centre d'Esports L'Hospitalet precisaba un triunfo como el mismo oxígeno ante Unió Esportiva Figueres para no desbarrancar hacia el fondo de la Segunda División B española. El club catalán lo estaba consiguiendo la tarde del 7 de noviembre de 1998, gracias a un gol de Peri Ventura, pero el árbitro Carlos Clos Gómez otorgó un dudoso penal al equipo visitante, que igualó el tanteador y enmudeció el Estadi de la Feixa Llarga. Ramón Moya, entrenador local, estaba desesperado, y no era para menos: apenas había conseguido una sola victoria en seis partidos en casa. Sin embargo, cuando se jugaban tres minutos de adición y la igualdad parecía un hecho, llegó un centro al área y la cabeza del defensor Diego Martín desniveló la balanza a favor de L'Hospitalet. La conquista hizo estallar el coliseo y a Moya, quien salió despedido hacia su banca para abrazarse con sus asistentes. Pero, en su alocada carrera, se cruzó inesperadamente el línea Carmelo Bernat y el técnico, vaya uno a saber por qué, le estampó un sonoro beso en la mejilla. Bernat, perplejo, sólo atinó a levantar su banderín para llamar a Clos Gómez. Luego de escuchar el relato de su colaborador, el referí sacó su tarjeta roja y echó al afectuoso "míster". En el acta, Clos Gómez calificó el beso como "una actitud inapropiada". Para Moya, en tanto, "es mucho mejor hacer eso que tirarle piedras al árbitro o insultarlo". "El corazón va muy rápido y a veces no lo controlo", reconoció el simpático y apasionado entrenador.

Alessandro Veronese, goleador del equipo italiano ASD Calcio Battaglia Terme, desplegó al máximo su fama de galán en octubre de 1996. En un encuentro ante La Rocca Monselice, jugado en la cancha de la Via Reinaldi por el torneo regional del Véneto, Veronese anotó con un potente remate de treinta metros el segundo tanto de su equipo —también "su" segundo esa tarde—, que puso el tanteador 2 a 1. Para celebrar su doblete, el "artigliere" se quitó la camiseta azul y amarilla y la revoleó. Como ya estaba amonestado, la referí Anna de Toni le mostró a Veronese una nueva amarilla y, enseguida, la roja. El goleador quedó atónito y, antes de abandonar el campo, se acercó a la jueza, le estrechó la mano y le dio dos besos, uno en cada mejilla. Esta acción fue asentada por De Toni en su informe, que lo elevó al Tribunal de Disciplina. Tras analizar el caso, el consejo inhabilitó al delantero por dos partidos, uno más de lo que le correspondía por la "doble-amarilla". En su resolución, el Tribunal determinó que "el insólito acto de confianza hacia el árbitro debe considerarse contrario al reglamento y castigado con una jornada de suspensión". Un fallo coherente: dos goles, dos amonestaciones, dos besos y dos fechas de penalidad.

Veronese la sacó barata, si se compara su castigo con el que recibió su colega holandés Martin Bennink, aunque corresponde destacar que este muchacho besó al referí, varoncito, ¡en la boca! Bennink, defensor de la escuadra amateur SV Wilhelminaschool de la ciudad de Hengelo, fue echado por protestar con vehemencia las decisiones del árbitro e injuriarlo. "Cuando me joden, me gusta besar demasiado", se justificó Bennink luego de comerle la trompa al hombre de negro. El Tribunal de Disciplina lo condenó a una suspensión de ocho partidos por ejercer "violencia física" y "asalto a la dignidad" del juez.

El periodista español Sergi Mas asegura que, en la década del '70, el estadio Los Cármenes de Granada C.F. fue escenario de una curiosa situación. Apenas iniciado el juego entre el equipo local y Real Madrid CF, el árbitro se acercó al técnico local y lo expulsó. "A la calle", le indicó el hombre de negro al asombrado entrenador, que no había insultado ni cometido ninguna falta contra nadie. La vertiginosa decisión arbitral estuvo sustentada, como las historias precedentes, en apasionados besos. Aunque, en este caso, entre el entrenador y la esposa del referí. El juez se aprovechó de su investidura para vengarse del responsable de sus cuernos. De regreso a su casa, el engañado volvió a esgrimir su tarjeta roja, para echar a su mujer del lecho conyugal.

Reacciones locas

Insultos, golpes y salivazos son producto acciones tan repudiables como "normales" después de una tarjeta roja. A nadie le gusta dejar la cancha antes de tiempo y, con las pulsaciones a mil, un comportamiento violento es hoy moneda corriente en todos los coliseos del mundo. Sin embargo, hay futbolistas que han demostrado ser más originales que otros a la hora de expresar su bronca, como el delantero argentino Sergio Ibarra. El 25 de febrero de 2000, luego de que el árbitro Carlos Hernández —a cargo del duelo Pesquero de Huancayo-FC Melgar de Arequipa de la primera división peruana— exhibiera su acrílico rojo al jugador local Lino Morán, Ibarra se acercó al hombre de negro y... ¡le metió la mano en la cola! El manilargo —o "dedilargo"— fue también expulsado y recibió una sanción de seis meses de parte de la Comisión de Justicia de la Asociación Deportiva (CJAD). Melgar se impuso sólo 0-3 aunque el encuentro terminó de manera precipitada: al verse en inferioridad tanto en el marcador como en la cancha, tres hombres de Pesquero (hoy llamado Deportivo Wanka) simularon lesiones para que el duelo acabara ahí mismo y la goleada no adquiriera dimensiones de catástrofe.

Más "juguetones", si cabe la expresión, estuvieron los integrantes del equipo amateur Migliaro. En enero de 2008, esta escuadra del departamento uruguayo de Salto sufrió cinco expulsiones ante sus rivales del club Tío (¡sí, así se llamaba!). Como repudio a la marea roja que los había dejado sin la cantidad mínima reglamentaria para seguir con el partido, de siete jugadores, los futbolistas rodearon al referí Juan Carlos Silveira y, en una rápida maniobra, le quitaron la ropa. El desamparado árbitro fue rescatado por la policía cuando había quedado en calzoncillos.

Otro que no la tuvo fácil fue el referí Claudio Aranda en el encuentro entre Club de Deportes Antofagasta y Club de Deportes La Serena, en abril de 2003, por la segunda división de Chile. Luego de que el equipo local anotara el 2-1, los jugadores de La Serena se le fueron al humo para protestar un presunto off-side. En medio del tumulto, Aranda expulsó al volante argentino Rodrigo Riep. Mientras los visitantes continuaban con su reclamo, Riep vio que al referí se le había caído la otra tarjeta, la amarilla. Ciego de ira, el ex jugador de CA River Plate tomó el acrílico y, como si tuviera cuchillos en los dedos, lo destruyó en mil pedacitos. "La rompí de calentura. Ni lo pensé, fue un instinto. La dejé hecha pedazos. La tarjeta era de plástico, pero estaba tan caliente y andaba con mucha fuerza, que me pareció de cartón", contó Riep. Las imágenes sirvieron al Tribunal de Disciplina para sancionar al volante con cuatro fechas de suspensión: una por la falta que motivó su expulsión y tres por su insólita reacción. "Cuando hablé con mi viejo y le conté todo, me dijo 'Nene, acá te mandaban a la cárcel", narró con humor. Su colega italiano Fernando d'Ercoli tuvo una actitud parecida, aunque "gourmet": tras ser echado en el encuentro ASD Pianta-ASD Ronta FC Arpax, jugado en 1989 por una liga regional, d'Ercoli le arrebató al juez su tarjeta colorada y... ¡se la comió!

El inglés Darren Painter, por su parte, se valió de un asqueroso recurso para protestar su exclusión en noviembre de 1999. Painter —defensor de Buckland Athletic FC de la Berkshire League— se acercó al juez que le había mostrado la tarjeta colorada, se bajó el pantaloncito y... ¡lo orinó! Por supuesto, la inmunda reacción no resultó gratis para el zaguero: fue echado de por vida de la liga y también de su propio club.

Cambio y adentro

El 8 de febrero de 2000, en Prenton Park, el equipo local, Tranmere Rovers FC, de la Premier Division —la segunda categoría inglesa—, derrotaba 1 a 0 (gol de Wayne Allison a los 25 minutos) a Sunderland AFC, de la Premier League, por la cuarta ronda de la F.A. Cup inglesa. A pocos minutos del final, cuando Sunderland peloteaba al equipo local en pos de la igualdad, el defensor Clint Hill cometió una fortísima infracción a centímetros del área de Tranmere. El árbitro Rob Harris cobró la falta y echó a Hill por la violenta acción. Casualmente, unos segundos antes, el entrenador John Aldridge había ordenado la sustitución de Hill por Stephen Frail. Cuando el defensor se acercó a la línea media, el cuarto árbitro David Unsworth, quien no había advertido la expulsión, permitió que Frail ingresara por su compañero. Tanta confusión terminó por desbordar a Harris, quien no notó que el suplente, mal incluido, se había sumado a los zagueros. Para colmo, fue el mismo Frail el que rechazó, de cabeza, el centro lanzado desde el lugar de la falta que había cometido su compañero excluido. Tranmere continuó con sus once jugadores por algunos segundos, hasta que el técnico visitante, Peter Reid, avivó al referí. Al reparar en su error y el de su asistente, Harris mandó a Frail de regreso a su lugar entre los suplentes. Tranmere ganó finalmente por la mínima diferencia. Dos días después, el comité supervisor de la competencia ratificó el resultado y absolvió al conjunto vencedor de cualquier culpa. Al árbitro, en tanto, se lo suspendió por una fecha, a pesar de que ya se le había asignado el choque copero entre Gillingham FC y Bradford City AFC. El comité justificó la equivocación al señalar que "el referí y sus asistentes estaban bajo un considerable nivel de presión", y comunicó a Sunderland que "sus decisiones son finales, y por el bien del juego deben ser aceptadas". El club albirrojo no sólo las aceptó, sino que, en un gesto difícil de encontrar en canchas de otras latitudes, Peter Reid dijo a la prensa que "según nuestro punto de vista no es la mejor decisión, pero la acatamos. Le deseo buena suerte a John (Aldridge) y a su gente, y todo lo mejor ante Fulham". Tranmere siguió de racha y en la siguiente ronda derrotó "con regularidad" a Fulham FC, también de la primera división, por 2 a 1, hasta que en el match siguiente cayó ajustadamente ante el poderoso Newcastle United FC por 3 a 2.

Perfume de mujer

La victoria parcial del club paraguayo Olimpia, 1 a 0 como visitante del Club Deportivo Jorge Wilstermann de Bolivia, encendió a los hinchas que atiborraban el estadio Félix Capriles de la ciudad de Cochabamba aquella noche del 29 de marzo de 1979 por la Copa Libertadores. El gol de Hugo Talavera, a los 15 minutos, prácticamente eliminaba al equipo "aviador", aunque sólo se habían disputado dos fechas, porque en esos tiempos clasificaba apenas un equipo por zona a la instancia de semifinales. Necesitados de un empate y superados técnicamente por su rival, los bolivianos comenzaron a excederse en el uso de la fuerza. El juego se volvió muy violento y pronto el espectáculo se asemejó más a un masivo combate de boxeo que a un partido de fútbol. A los once minutos de la segunda etapa, con el marcador todavía 0-1, los protagonistas se trenzaron en una batalla campal que sólo pudo ser contenida por el ingreso de las fuerzas policiales. Cuando retornó la calma, el árbitro brasileño José Roberto Wright sacó de su bolsillo la tarjeta roja para echar a un solo jugador visitante, el delantero Enrique Atanasio Villalba, y a cuatro hombres del conjunto local: los defensores Carlos Arias, Miguel Bengolea y Raúl Navarro, y el atacante Juan Sánchez. Según el informe, uno de los expulsados de Wilstermann había lanzado "una patada voladora buscando el cuerpo del rival". La desigual administración de justicia de Wright para una pelea "todos contra todos" enfureció todavía más a los espectadores, pero la hecatombe ocurrió unos minutos después cuando, favorecido por la inferioridad numérica de su oponente, Olimpia marcó su segundo gol por medio de Evaristo Isasi. Para evitar una goleada en contra, el técnico local, Roberto Pavisic, ordenó a uno de sus hombres que "se lesionara" y dejara a su equipo con seis integrantes. Como no quedaban más sustituciones para el diezmado Wilstermann, Wright se vio obligado a pitar el final veinte minutos antes porque el club boliviano no contaba con un mínimo de siete futbolistas exigido por el reglamento. Sin embargo, la historia no terminó allí. Cientos de hinchas desencajados invadieron la cancha y comenzaron a correr a los jugadores de Olimpia y, principalmente, al referí, para saciar su sed de venganza por lo que consideraban una tremenda injusticia. La policía poco pudo hacer para contener la rabia de tanta gente. Varios de los jugadores de Olimpia recibieron trompadas y patadas. Asistidos por un puñado de agentes, los paraguayos lograron escapar de la turba y encerrarse en su vestuario. Wright y sus asistentes, en tanto, no sufrieron golpes, pero debieron permanecer varias horas recluidos dentro de su camerino porque el estadio había sido rodeado por cientos de indignados espectadores. Según reveló muchos años después el mediocampista local Jhonny Villarroel durante una entrevista, Wright sólo pudo salir del estadio disfrazado de mujer. El brasileño y sus colaboradores fueron llevados a la ciudad de Oruro, distante a más de doscientos kilómetros de Cochabamba, porque había trascendido que una muchedumbre de hinchas esperaba al referí en el aeropuerto de Cochabamba. Como consecuencia de los graves incidentes, el coliseo Félix Capriles fue suspendido largo tiempo por la CONMEBOL, al igual que los cinco expulsados. El club Jorge Wilstermann disputó los dos partidos que le quedaban como local en Santa Cruz de la Sierra y La Paz. Los perdió, al igual que el par que jugó como visitante. Olimpia, en tanto, siguió adelante: ganó el grupo, luego la semi y, en la final, levantó la Copa Libertadores tras destronar al bicampeón argentino Boca Juniors. Wright, en tanto, protagonizaría otra noche muy negra en este torneo continental, dos años más tarde. Paciencia, lector: la historia lo espera unas páginas más adelante.

Inoportuno

¿Qué récord puede ostentar un arquero de la selección de Botswana? Uno muy singular: ser el único expulsado durante el desarrollo de una definición por penales. Delirante, sí, pero real. El protagonista de este disparate es Modiri Marumo, quien además lucía el brazalete de capitán de "las cebras" de Botswana durante la Castle Cup jugada en Sudáfrica en 2003. Como el duelo con Malawi había terminado 1-1, el árbitro Mateus Infante, de Mozambique, dispuso que el juego se definiera desde los once metros. El singular incidente se produjo luego de que el malawí Philip Nyasulu anotara el tercer tanto consecutivo de su equipo. Nyasulu se acercó al vencido Marumo y le dio una palmadita en el hombro, que fue contestada con una trompada al rostro del goleador. Infante, desde luego, mostró la tarjeta roja al portero por su improcedente desborde. "Reaccioné mal, me comprometo para que esto no se repita. Tuve una conducta impropia que me avergüenza. Espero que se acepten mis disculpas y pueda volver a servir a mi nación", se excusó Marumo ante la prensa. ¿Cómo continuó la serie de penales? Botswana falló el siguiente disparo y el malawí Ganizani Malunga selló la victoria para su país al vencer a Michael Mogaladi, un defensor que debió ocupar el arco en reemplazo del arquero expulsado.

En vivo y en directo

El fútbol y la radio mantienen un poderoso y casi centenario romance. Tan arraigadas están en los hinchas las transmisiones de partidos que muchos fanáticos bajan el volumen a su televisor y encienden su aparato de audio para acompañar las imágenes con la narración de su relator favorito. Otros van al estadio con sus auriculares calzados para escuchar lo que pueden percibir por sus propios medios desde el lugar de los hechos. Pero nada tan insólito como que un futbolista siga por radio las alternativas de un partido... ¡que está jugando!

El 11 de octubre de 1992, en la Bombonera, CA Boca Juniors, que llevaba once años sin ganar un campeonato argentino, recibió a su "superclásico" rival CA River Plate. La escuadra xeneize estaba al tope de la tabla de posiciones, con 14 unidades, seguida precisamente por su mayor enemigo, con 13. A los 65 minutos, con Boca arriba 1-0 gracias a un tanto del uruguayo Sergio Martínez, el árbitro Juan Carlos Lousteau vio como falta dentro del área uno de los reconocidos piletazos del riverplatense Ariel Ortega, maestro en el arte de caer fulminado, en este caso entre los defensores locales Carlos MacAllister y Alejandro Giuntini. Un simpatizante local, enfurecido por el fallo del referí, arrojó su pequeña radio color amarillo al arquero visitante

Ángel Comizzo. El aparato cayó a menos de un metro del portero, que tuvo la ocurrencia de tomarlo, colocarse los auriculares y seguir por radio el disparo de once metros de Hernán Díaz, de espaldas a la jugada y de frente a la hinchada antagónica. Mas el potente disparo cruzado de Díaz fue rechazado por las manos del "1" boquense, Carlos Navarro Montoya, y Comizzo, en llamas, arrancó de sus orejas los pequeños parlantes y revoleó el fatídico aparato hacia la alambrada. La justa se disipó sin más emociones y Boca mantuvo el 1-0. Al finalizar ese domingo, el club de la ribera alargó su ventaja sobre River a tres puntos, lo que le permitió algunas semanas más tarde ganar el campeonato y dejar a su histórico adversario con las manos vacías.

Goleadores inesperados

Además de este particular caso, varios porteros consiguieron goles en circunstancias insólitas. Apenas llegó al club londinense Arsenal FC desde Old Ham Athletic AFC, Frank Moss le arrebató la titularidad al legendario arquero Charlie Preedy para ganar con los "gunners" tres títulos "al hilo": 1932-33, 1933-34 y 1934-35. En esa última temporada, Arsenal consiguió una difícil victoria en su visita a Goodison Park, la cancha de Everton FC, el 16 de marzo de 1935. En la primera etapa, con el marcador en blanco, Moss cayó mal en una jugada y se dislocó el hombro izquierdo. Como entonces no estaban permitidas las sustituciones, el arco fue ocupado por un jugador "de campo". El portero fue llevado al vestuario, donde se le vendó el hombro y, finalizado el entretiempo, regresó a la cancha para actuar como delantero. En su nuevo puesto, Moss marcó el primer tanto de Arsenal, que esa tarde se retiró victorioso 0-2. La hazaña, no obstante, no llegó a compensar la desgracia del arquero: la dislocación fue tan severa que Moss apenas pudo actuar en cinco partidos más antes de retirarse a los 27 años.

Un suceso semejante (que bien podría definirse como "literalmente duplicado") sucedió el 31 de agosto de 1962, cuando el club inglés Reading FC recibió en Elm Park a Halifax Town AFC, en un encuentro de la Tercera División. El arquero local, Arthur Wilkie, se lastimó una mano, dejó su puesto a un compañero y pasó al ataque: ¡Marcó dos goles para que Reading ganara 4-2!

El disfraz

El delantero uruguayo Julio César Britos Vázquez (de reconocida trayectoria en CA Peñarol y Real Madrid CF y campeón del mundo en Brasil 1950, aunque no jugó ningún partido) se destacaba por una picardía que le permitió ensanchar sus condiciones y marcar muchísimos goles. Empero, una vez, una dosis de pillería mezclada en un peligroso cóctel con una medida de inexperiencia, le costó una severa aunque valiosa lección. En 1943, mientras participaba en un clásico con Nacional entre equipos juveniles de cuarta división de la liga uruguaya, Britos Vázquez, quien jugaba con una boina blanca —muchos futbolistas rioplatenses se valían de este complemento para no lastimarse la cabeza con la costura de tiento de las viejas pelotas—, fue expulsado durante el primer tiempo del tórrido duelo. En el descanso, el atacante le pidió a su técnico volver al campo para igualar el match que perdía Peñarol. El entrenador, consciente de que Britos Vázquez era su mejor arma ofensiva, accedió, aunque le preguntó cómo disimularía su irregular retorno. El muchacho, audaz como pocos, se quitó la boina, desplegó su larga cabellera, se quitó la camiseta de adentro del pantalón y subió sus arremangadas medias. La nueva apariencia del delantero convenció al técnico y al resto de los "botijas", y el astuto delantero retornó a la cancha. El referí y los rivales miraron con extrañeza al "suplente" mirasol, al que no lograban identificar a pesar de que su cara les resultaba familiar. Quien sí se dio cuenta de la trampa fue un veedor que, vaya casualidad, conocía del barrio al sagaz Britos Vázquez. El joven fue suspendido por seis meses, al ser hallado culpable de... ¡suplantarse a sí mismo!

Al dente

El árbitro Henning Erikstrup miró su reloj: el tiempo se había cumplido y, esa tarde del 18 de abril de 1960, Nørager IF vencía a Ebeltoft IF 4-3 por el torneo de Cuarta División de Dinamarca. Al llevarse el silbato a la boca para dar por terminado el encuentro, ¡sorpresa! La dentadura postiza del referí aprovechó la ligera separación de los labios para escapar de su celda. Erikstrup se agachó rápidamente para recoger sus dientes y escapar de la bochornosa situación. Justo en ese momento —no podía ser de otra forma— la escuadra visitante marcó la igualdad. Los muchachos de Ebeltoft iniciaron un vivaz festejo, mas el referí lo cortó de cuajo al anular la conquista porque, en efecto, no la había visto. Los furiosos futbolistas visitantes rodearon a Erikstrup para averiguar el porqué de su decisión y al árbitro no le quedó más remedio que admitir que priorizó su estética sobre su actividad deportiva. Uno de los jugadores le preguntó por qué no pitó el final del partido y luego recogió sus dientes. "Tenía que recuperar la prótesis antes de que alguno la pisara y la destruyera. Es muy cara", se excusó, más rojo que su tarjeta.

Amarillo, rojo y negro

El reglamento del fútbol es tan sencillo como claro: El árbitro tiene la autoridad total para hacer cumplir las Reglas de Juego. Pero, ¿qué ocurre cuando el referí actúa como si desconociera por completo la legislación deportiva? En marzo de 2002, en el estado brasileño de Piauí, el referí Edmílson Timoteo da Silva mostró tres tarjetas amarillas y dos rojas a un mismo jugador. El insólito caso, que se produjo durante un partido entre los conjuntos locales Ríver Atlético Clube y Oeiras Atlético Clube, comenzó con un brusco puntapié del defensor visitante Paulo Araujo, que mereció una tarjeta amarilla. Un minuto más tarde, Araujo se mandó otra dura entrada y volvió a ser amonestado. Como se dice en la tribuna, amarilla más amarilla es igual a roja, y así ocurrió, aunque, en este caso, el defensor, en lugar de encarar hacia las duchas, se quedó dentro de la cancha, y el juego prosiguió sin que el árbitro, sus asistentes ni los dormidos jugadores y cuerpo técnico de Ríver se avivaran de la irregular maniobra. Como el rudo Araujo no podía con su genio ni, aparentemente, había saciado aún su sed de sangre, poco después volvió a revolear a un rival. Da Silva, esta vez más despabilado, le mostró la tercera amarilla y la segunda —y definitiva— roja. Al finalizar el partido, el árbitro argumentó que había confundido a Araujo con uno de sus compañeros, por su parecido físico. Un argumento infantil, si se tiene en cuenta que el otro jugador tampoco había abandonado la cancha con la primera roja.

Algo más grave resultó el caso del referí inglés Graham Poll, por ocurrir durante un Mundial (Alemania 2006) rodeado de la más alta tecnología televisiva y ante millones de ojos. Durante el choque entre Croacia y Australia, jugado el 22 de junio en Stuttgart, por el grupo E, Poll mostró tres tarjetas amarillas al defensor europeo Josip Simunic. El zaguero vio la primera amonestación en el minuto 61, y la segunda en el '90, pero continuó en el campo sin que el árbitro ni sus líneas advirtieran la anormalidad. Recién en el minuto 93, Simunic protestó un cobro del árbitro y se ganó la tercera amarilla, que ahí sí fue seguida de una roja. El reglamento otorga al referí la posibilidad de modificar su decisión si se da cuenta de que ésta es incorrecta. En estos dos casos, los hombres de negro actuaron con una inoperancia asombrosa. Lamentablemente, no fueron los únicos.

La hora, referí

Cuando el árbitro Luis Ventre pitó el final, los once futbolistas de CA Estudiantes de La Plata se abrazaron para festejar un impensado triunfo 1-2 ante Racing Club, el puntero del campeonato argentino de 1957 y en su mismísimo reducto de Avellaneda. Sin embargo, como casi todas las cosas buenas, el dulce festejo "pincharrata" duró poco: mientras protagonistas e hinchas abandonaban la cancha, uno de los jueces de línea advirtió a Ventre que se le había adelantado el reloj y que aún restaban cinco minutos por jugarse. Al notar su error, el referí convocó a los protagonistas y ordenó la reanudación de las acciones mediante un "bote a tierra", tal como lo indica el reglamento. Los visitantes aceptaron la medida a regañadientes. Pocos segundos después, su descontento se transformó en bronca, porque en esos escasos instantes la "Academia" logró la igualdad definitiva mediante un zapatazo de Juan José Kellemen.

¿Qué habrá pasado con el reloj del referí inglés Thomas Saywell? El 26 de noviembre de 1898, el árbitro dio por terminado el encuentro entre Millwall FC y Southampton FC, por la antigua Southern League inglesa, ¡diez minutos antes de lo que correspondía! Los directivos del equipo local elevaron una protesta y exigieron a las autoridades de la liga que se volviera a convocar a las dos escuadras para disputar el tiempo restante. Estaban encaprichados con que su escuadra podía igualar el marcador adverso en ese lapso. El tribunal dio lugar al reclamo y programó el corto match para... ¡casi cinco meses más tarde! Los hombres de Southampton aceptaron con acritud y el 12 de abril de 1899 viajaron los cien kilómetros que separan su ciudad del estadio The Dell, del centro de Londres, al borde del Támesis, para completar el duelo. Después de tantas vueltas, los diez minutos transcurrieron sin que se modificara el marcador, que quedó oficializado Millwall 1 - Southampton 4...

Tres partidos en un día

Grêmio Foot-Ball Porto Alegrense, equipo de la ciudad brasileña de Porto Alegre y campeón mundial de clubes en 1983, protagonizó un episodio inédito en la historia del fútbol universal al disputar tres partidos en un solo día. El extraño suceso, ocurrido el domingo 11 de diciembre de 1994, fue el producto de la ocupada agenda del Grêmio, que ese año participó del campeonato brasileño —que programa encuentros dos veces por semana—, del torneo regional del estado de Rio Grande do Sul, de la Supercopa sudamericana y de la Copa Conmebol. Los tres compromisos, clasificatorios para el regional de Rio Grande do Sul de 1995, tuvieron lugar uno tras otro, con un intervalo de solamente quince minutos. A pesar de la desgastante maratón, el Grêmio consiguió dos victorias (cuatro a tres ante el Santa Cruz y uno a cero frente al Brasil de Pelotas) y un empate (sin goles con el Aimore). Para la ocasión, el técnico Luiz Felipe empleó treinta y tres futbolistas, de los cuales tres intervinieron en dos de los partidos. Por otra parte, apenas 247 aficionados presenciaron los tres cotejos, a pesar de que la entrada —que tuvo un costo regular— permitió a los asistentes permanecer en el estadio durante toda la jornada.

Fútbol memorable

Homenaje en vida

El intenso frío y los 85 años de edad no amedrentaron a Fred Cope para ver a sus amados "osos" de Congleton Town Football Club, una entidad que compite en la liga regional North West Counties de Inglaterra. Ese 27 de febrero de 1993, como cada vez que su querido equipo de camiseta a bastones negros y blancos actuaba en casa, Cope se dirigió al estadio Booth Street y se sentó en una de las butacas de su pequeña tribuna. A la hora señalada, Congleton y su rival de esa tarde, Rossendale United, salieron a la cancha y se prepararon para el puntapié inicial. El referí pitó y los 22 protagonistas quedaron congelados con la cabeza gacha, en un respetuoso "minuto de silencio". El público, considerado, se puso de pie para acompañar el homenaje. Mientras se levantaba, Fred le preguntó a su vecino de asiento a quién se estaba honrando. El hombre lo miró y, sin poder evitar una sonrisa, le respondió: "¡A usted!". El anciano pensó que se trataba de una broma, pero la revista con el programa del match era muy clara: se informaba del fallecimiento del más veterano de los hinchas de Congleton Town, Fred Cope. "He estado enfermo esta semana, pero no fue tan grave", replicó con gracia el viejo. La extraña situación pronto se supo en toda la platea, lo que obligó al dirigente y editor de la publicación, Chris Phillips, a presentarse ante Cope para pedirle disculpas. "Perdóneme, pero la secretaria me había informado que usted había muerto, así que lo publiqué en el programa y le solicité al árbitro que necesitábamos un minuto de silencio", se sonrojó Phillips. A pesar de la metida de pata, la jornada terminó muy feliz: Congleton Town goleó 6-1 y el veterano hincha ganó 10 libras en el tradicional sorteo del entretiempo. No, la rifa no estuvo arreglada…

Media goleada

El 4 de mayo de 1935, Exeter City FC goleó en su estadio, St. James Park, a Aldershot Town FC por 8 a 1, en la última jornada del torneo de la Tercera División Sur inglesa. Hasta ahí, la información no parece demasiado relevante. El detalle que hace curiosa esta historia es que el primer tiempo de este match había finalizado... ¡0 a 0!

Un parejo 9-0

Uno de los mayores éxitos del club inglés Newcastle United FC fue ganar la F.A. Cup de la temporada 1931/32. En la final, el equipo del norte de Inglaterra derrotó por 2 a 1 a Arsenal FC en el majestuoso estadio Wembley de Londres, el 23 de abril de 1932, ante más de 92 mil personas. El largo camino de Newcastle hacia el gran desenlace tuvo un episodio muy destacado: en la cuarta ronda, este equipo de primera división se enfrentó a Southport FC, una modesta escuadra de la tercera categoría que acababa de eliminar a Barnsley FC, de segunda, por un amplio 4-1. El duelo fue fijado para el 23 de enero de 1932 en St. James Park, la opulenta casa de Newcastle United, donde, a pesar de la abismal diferencia de categoría, el match finalizó 1-1. Tres días más tarde, se jugó el "replay" en The Merseyrail Community Stadium, la modesta vivienda de Southport. Allí, otra vez el marcador quedó fijado 1 a 1. El primero de febrero, Newcastle United y Southport volvieron a verse las caras en St. James Park para definir el pleito. Y, como la tercera es la vencida, esta vez el duelo lo ganó el equipo de la máxima categoría, que pudo finalmente deshacerse de su tenaz oponente con un resultado que sin dudas es insólito después de dos parejos empates: 9-0.

Sentados en una silla

Para afrontar la F.A. Cup inglesa de 1887/88, Aston Villa FC armó un equipo muy competitivo. Por la primera ronda del campeonato, el 15 de octubre de 1887, el club de Birmingham venció a Oldbury Town FC por 4 a 0. Luego, el 5 de noviembre, doblegó a Small Heath Alliance FC por el mismo marcador. El equipo pasó la tercera etapa sin competir y el 17 de diciembre, por la cuarta ronda, apabulló al conjunto escocés Shankhouse FC por 9 a 0. Cuentan los reportes de la época que, en ese match, el dominio de los "villanos" fue tan abrumador que, en pleno partido, un espectador le alcanzó una silla al aburrido arquero James Warner. Se afirma que Warner siguió el resto del encuentro sin necesidad de abandonar su asiento. La racha de la escuadra de Birmingham se cortó en octavos de final, instancia en la que cayó ante Preston North End FC por 3 a 1. Esta vez, Warner tuvo bastante trabajo, ya que debió ir a buscar la pelota tres veces al fondo de su arco.

Unos años después, en 1901, AC Milan viajó a la provincia de Pavía para enfrentar al equipo lombardo Casteggio FC por la Copa Negrotto italiana. El inglés Herbert Kilpin, jugador, capitán y uno de los fundadores del conjunto milanés, relató en sus memorias: "Davis era nuestro arquero. Previendo que se trataba de un partido fácil, Davis no se cambió y salió a la cancha con una silla, que colocó debajo de su arco. Estuvo sentado cómodamente, con una pierna sobre la otra, con su sombrero de paja en la cabeza y fumando cigarrillos sin parar. Al final, aburrido, me preguntó: '¿Puedo jugar un poco yo también?'. Riendo, le permití salir del arco. Davis se mezcló entre los delanteros y marcó nuestro vigésimo gol". Milan se impuso 20 a 0 y, según Kilpin, el de su compañero fue el primer gol anotado por un guardameta en el fútbol italiano.

Arena

Según la prestigiosa revista Forbes, Manchester United FC es el club de fútbol más rico del mundo y sólo es superado en abundancia en el ranking deportivo por el equipo de béisbol New York Yankees. No obstante, el origen de esta poderosa institución inglesa está en un modesto conjunto llamado Newton Heath, situado en el barrio homónimo del noreste de Manchester. El sábado 9 de marzo de 1895, Newton Heath FC recibió a Walsall Town Swifts FC por el torneo de segunda división inglesa en su humilde estadio de la calle Bank, que en nada se parecía al hoy fantástico Old Trafford, el "teatro de los sueños". De hecho, esa tarde el "canchero" del rudimentario coliseo debió valerse de varias paladas de arena para tapar los charcos dejados por una inoportuna tormenta. Al momento del pitazo inicial, el terreno presentaba apenas unas matas de césped en medio de una cenagosa mezcla de lodo y grava. Los jugadores visitantes aceptaron adentrarse en ese inhóspito campo, aunque tuvieron la previsión de manifestar que lo hacían "bajo protesta". Hundidos sus hombres en el barrizal, Walsall Town Swifts sufrió una inapelable derrota por 14 a 0. Bueno, en verdad no tan "inapelable". Tras el singular encuentro, el equipo goleado elevó una protesta a la Football League por el mal estado de la cancha. El organismo aceptó el reclamo, anuló el resultado y ordenó que el partido volviera a jugarse desde el minuto cero en el mismo escenario, el miércoles 3 de abril siguiente. Esta segunda vez, con el campo en mejores condiciones, las acciones fueron mucho más parejas. Newton Heath sólo se impuso por... ¡9 a 0!

Conquistas ahogadas

"El fútbol no es matemáticas. Dos más dos raras veces da cuatro. Puede dar tres, cinco y hasta cero", sentenció una vez el entrenador holandés Leo Beenhakker. No parece un pensamiento disparatado, sobre todo si se tiene en cuenta que un eficaz delantero anotó siete goles para que su equipo perdiera... ¡3-1! No, no hay un error de imprenta: así sucedió aunque ninguno de esos siete tantos fue anulado por el árbitro. ¿Cómo se explica? A través de los intrincados caminos por los que rueda el balón. El 28 de enero de 1961, por la cuarta ronda de la prestigiosa F.A. Cup inglesa, Manchester City FC vencía como visitante 2-6 a Luton Town con seis conquistas de su atacante estrella, el escocés Denis Law. A 21 minutos del final, una profusa lluvia inundó el estadio Kenilworth Road y el árbitro Ken Tuck debió suspender el match. Según el reglamento del torneo, el partido interrumpido por una circunstancia ajena a los protagonistas debía volver a jugarse desde el principio y con el marcador en blanco. Cuatro días después, con el campo en mejores condiciones, Law anotó una vez más para City, pero esa jornada Luton se recuperó y, mejor plantado, se impuso por 3-1. El agua no sólo diluyó la victoria de Manchester: como el resultado del primer encuentro no se computó oficialmente, a Law no se le computaron sus conquistas. Con ellas, su nombre habría quedado en el mármol como el del máximo goleador del torneo en el Siglo XX.

Vergüenza afuera

A mediados de la década del '50, Real Madrid CF armó uno de los más grandes equipos de la historia, que se apoderó de cinco Copa de Clubes Campeones de Europa —mamá de la actual Champions League de la UEFA— consecutivas gracias a la magia de excepcionales futbolistas como el argentino Alfredo di Stéfano, el francés Raymond Kopa o el húngaro Ferenc Puskás. Precisamente, para presentar al pequeño delantero galo —hijo de inmigrantes polacos, cuyo verdadero apellido era Kopaszewski—, el club madrileño organizó un amistoso con un equipo de la primera división de Francia, Football Club Sochaux-Montbéliard, el 4 de octubre de 1956 en el estadio Santiago Bernabéu. Esa tarde, no pareció que Di Stéfano y Kopa jugaran juntos por primera vez: el argentino (marcó cuatro tantos) y el francés (autor de otros tres) encabezaron un festival maravilloso que culminó con un abismal 14-1. La amplia victoria merengue no causó mucha gracia allende los Pirineos. Aunque se había tratado de un juego amistoso, la Federación Francesa se tomó la humillación muy en serio y prohibió a Sochaux actuar fuera del país por un año.

No por mucho apabullar...

El entrenador serbio Vujadin Boškov dijo una vez: "Prefiero perder un partido por 9-0 que nueve por 1-0". Por supuesto, Boškov no lanzó esta ya famosa frase porque sí, sino luego de que su equipo, Real Madrid CF, cayera 9-1 ante FC Bayern München en un amistoso jugado en 1980. Más allá de su contexto, esta máxima denota una notable lucidez práctica. Del mismo modo, se puede afirmar en contraposición que es mejor ganar diez encuentros por 1-0 y no sólo uno con 10 tantos. El 15 junio de 1982, durante el campeonato Mundial jugado en España, Hungría aplastó a El Salvador 10-1, hasta hoy la mayor goleada en la historia de la competición. Ese día, el magiar Laszlo Kiss se transformó en suplente más eficaz de la Copa: anotó tres tantos durante los 35 minutos que estuvo en la cancha, a la que accedió en reemplazo de Andras Torocsik. Lamentablemente para la escuadra europea, tan fantástica victoria no sirvió de nada: tras caer con Argentina (4-1) e igualar con Bélgica (1-1), Hungría quedó en el tercer lugar del grupo 3 y se despidió del torneo en primera ronda.

Ya que hablamos de Mundiales y de Hungría, otro ejemplo de excesivos gritos inútiles le cupo a la escuadra magiar en Suiza 1954, Copa en la que fue el equipo más goleador con 27 tantos en sólo seis encuentros. Diez de esos goles se los marcó a Alemania: en la primera ronda, Hungría se impuso a la escuadra germana por 8 a 3. Quiso el destino que estos dos equipos clasificaran para la segunda ronda y volvieran a verse las caras en la final. Allí, la selección magiar logró una rápida ventaja por 2 a 0. Pero, con el correr de los minutos, esa superioridad se evaporó y terminó con un 3-2 para Alemania, que así consiguió su primera consagración mundialista.

Otro caso alarmante sucedió durante la eliminatoria para Corea-Japón 2002. Australia consiguió la goleada récord para un encuentro internacional oficial al apabullar a Samoa Estadounidense 31-0, el 11 abril 2001 en el International Sports Stadium de Coffs Harbour, Nueva Gales del Sur. Empero, la abrumadora potencia australiana se pinchó unos meses más tarde cuando el equipo de camiseta amarilla, ganador del grupo de Oceanía, enfrentó a Uruguay en el repechaje con Sudamérica. Australia ganó 1-0 en su casa, a la ida, pero en Montevideo su supuesta fortaleza se amilanó frente a la famosa "garra charrúa". Los "socceroos" perdieron 3-0 y se quedaron sin Mundial.

El 24 junio de 1998, en Francia, España goleó 6-1 a Bulgaria en la última fecha del grupo inicial D. La enorme diferencia en el marcador no sirvió de nada: la escuadra roja quedó eliminada porque apenas pudo alcanzar el tercer puesto del cuarteto, detrás de Nigeria y Paraguay, los dos clasificados para la siguiente ronda. Doce años más tarde, en Sudáfrica 2010, España fue un brillante campeón con apenas 8 goles en 7 partidos. A partir de octavos de final, superó sucesivamente a Portugal, Paraguay, Alemania y Holanda con el mismo tanteador: 1-0. Sin dudas, el equipo ibérico había aprendido, y mucho, sobre la "postura Boškov".

Party

Una goleada tiene una sola explicación: la amplia diferencia entre ambos contendientes. Esa disparidad puede radicar en el nivel técnico y/o táctico, en el estado físico de los jugadores, en una o varias expulsiones que desnivelen los equipos, hasta en algún soborno. Otras veces, cuando el marcador supera los 7 u 8 goles, el juego sufrió alguna extraordinaria circunstancia que eludió toda previsión de dirigentes, entrenadores y de los propios protagonistas. Si no, pregúnten en Namibia. Las chicas de la selección femenina de ese país africano, conocidas como las "valerosas gladiadoras", estaban fascinadas con las habitaciones de su hotel de la ciudad sudafricana de Johannesburgo. Era la primera vez que participaban en una eliminatoria olímpica (rumbo a Atenas 2004) y estar alojadas en tan magnífico hospedaje era todo un triunfo. Tanto, que las muchachas olvidaron por qué estaban allí y se lanzaron, desinhibidas, a gozar del "room service". La farra arrancó con bebidas y dulces y, al subir la temperatura y el cachondeo, desembocó en el alquiler de seis películas porno. Al día siguiente, 24 de octubre de 2003, las jocosas namibias la pasaron muy mal en la cancha. Extenuadas, no pudieron evitar que sus rivales sudafricanas las golearan, sin piedad, 13 a 0. Al enterarse de la bacanal —la cuenta del hotel, tan implacable como voluminosa, había puesto en evidencia a las fiesteras—, los dirigentes decidieron castigar a las futbolistas y, para el encuentro revancha en Windhoek, capital de Namibia, el 7 de noviembre, se decidió realizar la concentración en un austero claustro despojado de televisores y frigobares. Más concentradas y mejor descansadas, las "valerosas gladiadoras" consiguieron un resultado mucho mejor, aunque cayeron, de todos modos, 0-8.

El señor de los anillos

Hace pocos años, la FIFA agregó una disposición a la normativa relacionada con la vestimenta de los futbolistas: "No utilizarán ningún equipamiento ni llevarán ningún objeto que sea peligroso para ellos mismos o para los demás jugadores (incluido cualquier tipo de joya)". En 2000, este punto no figuraba en el reglamento, lo que pudo haberle evitado un agudo dolor de cabeza al brasileño Vítor Rivaldo Borba Ferreira, Rivaldo. El 27 de mayo de ese año, el talentoso mediocampista intervino con su selección en un encuentro amistoso con Inglaterra en el tradicional estadio de Wembley. En medio del juego, Rivaldo notó una dolorosa pérdida: su alianza matrimonial que solía besar después de cada gol —una gruesa pieza de oro con el nombre de su esposa, Eliza, grabado— había escapado de su dedo anular zurdo para desaparecer en los 7.350 metros cuadrados de césped del legendario coliseo. El brasileño, desconcertado, pasó el resto del match más preocupado por recuperar su anillo que por patear el balón. Finalizado el encuentro, 1-1, Rivaldo se duchó y, al llegar al micro que trasladaría el plantel sudamericano al aeropuerto, fue sorprendido gratamente por un empleado de Wembley, que le devolvió su preciada joya. El anillo había sido encontrado en el césped por uno de los futbolistas ingleses, el defensor Martin Keown. Rivaldo regresó a casa muy aliviado pero, temeroso de un nuevo contratiempo con un desenlace diferente, se tatuó el nombre de su amada Eliza en el dedo anular de su mano izquierda.

Una gaviota no hace verano, ¡pero sí goles!

Los pibes del equipo juvenil Hollingworth Juniors FC de Inglaterra tenían todas las marcas tomadas, por lo que el ataque que encabezaba Danny Worthington, de la escuadra rival Stalybridge Celtic FC, parecía intrascendente. Sin pase libre, Worthington decidió disparar hacia el arco, mas su potente remate salió muy alto y con un destino muy lejano. Pero, en ese momento, una gaviota surcó el cielo de la cancha: el balón le dio de lleno y fue directo a las redes del arco de Hollingworth Juniors. ¡Increíble! Este partido, correspondiente a una liga juvenil, se jugó en septiembre de 1999 en la ciudad inglesa de Manchester y el árbitro, de modo equivocado, avaló la extraordinaria conquista. Desmoralizados por estar jugando 11 contra 12, los muchachitos de Hollingworth cayeron 7-1. "No lo podía creer. Todos vinieron a felicitarme por el gol, pero lo había anotado el pájaro", precisó el sorprendido Danny Worthington, de 13 años. Su estatus había cambiado de "artillero" a "asistente". La gaviota, en tanto, no festejó su golazo. Tras caer aturdida sobre el césped, se recuperó y escapó volando. Nadie alcanzó a preguntarle su nombre, para grabarlo en el mármol de la historia.

¡Qué par de...!

Durante la edición inaugural de la Coupe de Championnat, la liga de primera división de Bélgica, 1895/96, Racing Football Club de Bruselas, segundo en la tabla y candidato al título, recibió al débil Union Football Club de Ixelles, que hasta ese día, 24 de noviembre de 1895, no había ganado ni empatado ningún partido. Racing (que luego de quiebras y otras vicisitudes se transformó en el actual Koninklijke Football Club Rhodienne-Verrewinkel) salió a comerse crudo a su rival y lo peloteó constantemente todo el primer tiempo, sin poder abrir el marcador ni sufrir una sola réplica de su frágil oponente. En la segunda etapa, la escuadra local mantuvo su dominio del balón, al punto tal que su arquero, Gustave Pelgrims, muy aburrido, tomó un balón de reserva que había al lado de su meta y se puso a juguetear con un compañero. La distracción de los dos pavotes fue bien aprovechada por uno de los muchachos de Union, que ensayó un fuerte disparo desde su propio campo. Un poco por su potencia y dirección, y otro poco por la ayuda de una fuerte ráfaga, la pelota voló sobre el terreno del equipo local y aterrizó dentro del arco de Pelgrims, quien seguía dale que dale con su pasatiempo. Después de escupirle un torrente de insultos a su improductivo arquero, los sorprendidos futbolistas de Racing intentaron igualar el marcador, pero no tuevieron éxito. Tras el pitazo final, los jóvenes visitantes celebraron su única conquista del torneo: tras doce partidos, Union obtuvo una victoria y once derrotas, con 5 goles a favor y 51 en contra, y terminó en el séptimo lugar entre siete equipos. Este club de Ixelles, un barrio del sur de Bruselas, no intervino en el campeonato siguiente —prefirió continuar en competencias menos exigentes— hasta que en 1901 desapareció. Como la reputación del bobalicón de Pelgrims.

Bandera entrometida

Para impedir que las cámaras de televisión pusieran al descubierto que el estadio del equipo peruano Deportivo Municipal de Chorrillos no tenía tribuna detrás de uno de los arcos, el presidente de la entidad, Ricardo Belmont, decidió que, en cada juego en casa, seis hinchas subieran al paredón que cerraba ese sector del coliseo y, durante el encuentro, lo taparan con una enorme bandera con los colores blanco y rojo del club. La iniciativa gustó, no sólo porque el pabellón escondía ese feo borde sino porque, de esa forma, se daba color y calor al predio que iba a ser sede del Torneo Descentralizado 1994 de primera división. Los encuentros fueron sucediéndose y, en cada uno de ellos, los hinchas locales celebraban cada vez que se desplegaba el estandarte con sus amados tonos. Hasta el sábado 28 de mayo. Ese día, en el que Municipal recibió a Club Social y Deportivo Carlos A. Mannucci por la novena fecha del certamen, la bandera quiso ser protagonista del otro lado de la línea de cal. A los 28 minutos del segundo tiempo, cuando el marcador se encontraba en blanco, el delantero local Ricardo Besada escapó por la derecha para enviar un preciso centro a su compañero Alfredo Carmona. En ese instante, sopló una fuerte brisa que arrancó la enorme tela de las manos de los asistentes y la lanzó hacia la cancha para envolver el arco de Mannucci. Carmona remató. La pelota superó al portero visitante Oscar Ibáñez y viajaba derechito a la red, mas fue atajada por el atrevido paño. La bandera de Municipal evitó el gol de Municipal. El reglamento advierte que, ante situaciones imprevistas de estas características, con la participación de agentes ajenos al juego, el referí debe ordenar un pique o bote a tierra. Sin embargo, el árbitro Alberto Tejada, tal vez más pragmático, otorgó el gol a la escuadra dueña de casa. Los jugadores de Mannucci, quizá conscientes de que el Diablo había metido la cola, ensayaron tibias protestas hasta aceptar el fallo. Municipal ganó 1-0 con esa polémica conquista. Belmont decidió no renovarle el contrato al estandarte blanco y rojo. Quizá debió colocar otro negro, en homenaje a Tejada.

Luciano Wernicke

Fútbol playa

Fue llamado "el gol más inverosímil de la historia del fútbol inglés". No es poco. El 17 de octubre de 2009, Sunderland AFC recibió en su "Stadium of Light" a Liverpool FC, por la novena fecha de la Premier League inglesa 2009/10. A cinco minutos de iniciadas las acciones, con Sunderland al ataque, el irlandés Andy Reid envió un centro desde la derecha, el francés Steed Malbranque la desvió con su taco y el inglés Darren Bent sacó un fuerte derechazo que no parecía complicado para las manos del arrodillado José "Pepe" Reina, el arquero español de la escuadra visitante. Sin embargo, el disparo se volvió fulminante cuando el balón se desvió... en una pelota de playa, color roja, que daba vueltas de manera imprudente por el área chica de Liverpool. Reina, sorprendido, quedó congelado, sin reacción ante la singular carambola: la pelota de fútbol lo superó por la izquierda y se clavó en la red; la de playa lo eludió por la derecha y salió por la línea de fondo. El árbitro, Mike Jones, debió haber anulado la conquista, pero no lo hizo, por lo que le cupo una sanción de una fecha ordenada por la FA. Por la rapidez de la acción, que desconcertó a Jones y no le permitió detener el ataque antes de que terminara en gol, el referí debió haber invalidado la conquista porque la pelota playera se interpuso en el camino de su "prima" futbolera.

El excéntrico suceso se vio agravado por dos circunstancias no poco importantes: la primera, que Sunderland ganó el match 1-0; la segunda, que el balón rojo había sido arrojado a la cancha por un hincha de... ¡Liverpool! Callum Campbell, de 16 años, admitió al periódico The Sunday Mirror haber sido el autor del incidente. "Fui yo quien lo hizo. Soy yo al que delataron las cámaras. Lo siento tanto. Es mi peor pesadilla. Lo estuve viendo una y otra vez y sigo sin entender cómo pudo suceder. Mi madre me dice que no fue culpa mía y eso es lo que quiero creer. El árbitro nunca debería haber concedido el gol. Sólo espero que los aficionados de verdad lo entiendan y me perdonen", se disculpó el adolescente. Un auténtico pelotazo en contra.

Larga distancia

El 25 de septiembre de 2011, el delantero Jone Samuelsen rompió un récord muy extraño: marcó el gol más lejano anotado mediante un cabezazo en un encuentro de primera división de todo el mundo. Samuelsen, del club noruego Odd Greenland BK, doblegó el arco que defendía Mostafa Abdellaoue, de Tromsø IL, con un testazo efectuado a 57 metros de la valla rival, en el estadio Skagerak Arena. En verdad, Abdellaoue no estaba precisamente protegiendo su portería, ya que había subido a buscar el empate en el último minuto del match que su equipo perdía 2 a 1, a través de un tiro de esquina. El córner fue rechazado por la defensa local y el último hombre de Tromsø intentó revolear la pelota hacia el área de Odd Greenland. Pero se quedó corto y Samuelsen, con un cabezazo desde su propio campo, al costado del círculo central, envió el balón hacia el desprotegido arco visitante, donde ingresó con una suave rodada para poner el definitivo 3-1.

Un mes después, un atrevido defensor del equipo japonés Fagiano Okayama FC rompió por un metro la marca del noruego, aunque en un match de Segunda División. Ryujiro Ueda, zaguero de Fagiano, cabeceó en su mitad de cancha —también junto al círculo central, aunque a la izquierda— un largo saque de meta del portero de Yokohama FC, de Kentro Seki. Tras el remate, la pelota picó y superó a Seki, quien inexplicablemente había salido hasta el borde de su área. El flojito arquero intentó recuperarse, pero no pudo evitar el tanto ni borrar su nombre del Guinness.

Resultados apócrifos

Las reacciones de los hinchas frente a un resultado adverso han generado, en innumerables oportunidades, verdaderos infiernos dentro de los estadios de fútbol. En pos de detener el estallido de una olla a presión y proteger sus vidas, las de sus colaboradores y las de los futbolistas, muchos árbitros han recurrido a un insólito mecanismo de contención: la simulación. En canchas de los cinco continentes ha sucedido que un referí, en general con la participación de los jugadores como coprotagonistas, ha montado una improvisada obra de teatro para hacer creer a los espectadores que su equipo empataba o ganaba y así trastrocar el humor de la gente, aunque en realidad el partido "oficial" ya había sido suspendido. Probablemente, la más célebre de estas actuaciones ocurrió el 2 de agosto de 1962 en el estadio Urbano Caldeira de Santos FC, donde la escuadra local enfrentaba a CA Peñarol en la revancha de la final de la Copa Libertadores de 1962. El equipo que conducía Pelé había vencido como visitante al uruguayo en el mítico Centenario de Montevideo, 1-2, y con un empate en casa se aseguraba su primer título continental. De hecho, Santos se fue al descanso arriba en el tanteador, 2-1, mas en el complemento los orientales sacaron a relucir su bien ganada chapa de guapos, adquirida en el Maracanazo del Mundial de Brasil 1950, para dar vuelta el tanteador mediante sendas conquistas del ecuatoriano Alberto Spencer (a los 49) y el charrúa José "Pepe" Sasía (a los 51). La parcial victoria visitante enloqueció a los hinchas brasileños, que comenzaron a arrojar todo tipo de proyectiles al terreno de juego. En un córner, una botella noqueó al referí chileno Carlos Robles. En el informe que elevó a la CONMEBOL, el árbitro explicó: "Transcurrían siete minutos del segundo tiempo y en circunstancias en que había cobrado un tiro de esquina a favor del equipo de Santos, al tomar mi ubicación cerca del vertical, me fue lanzada una botella, la que me pegó en el cuello. Debido a esto quedé semi-inconsciente y momentáneamente ciego. Al recuperar la lucidez me encontré en los vestuarios rodeado de dirigentes. Por lo expresado más arriba, decidí suspender el match por no tener garantías para desarrollar mi misión. Personeros directivos brasileños trataban de convencerme para que continuara el partido a lo cual me negué rotundamente. Debido a mi actitud fui amenazado por el Presidente de la Federación Paulista, João Mendonça Falcão, quien me dijo que si no continuaba dirigiendo el match, él, como diputado, me haría detener por la Policía. Como yo mantuve mi decisión, me insultó delante de mis compañeros, (Sergio) Bustamante y (Domingo) Massaro, diciéndome 'ladrón, cobarde, yo puedo probar que usted es un sinvergüenza'. Otras dos personas que habían entrado al vestuario pretendiendo hacer cambiar mi actitud, los señores Luis Alonso, entrenador de Santos, y el presidente del club, Athie Jorge Coury, me insultaron y dijeron que ellos no respondían por mi vida al salir del estadio". Los hombres de Peñarol, asimismo, recibieron una lluvia de objetos —piedras, envases de vidrio de cerveza— y amenazas de muerte de espectadores, rivales y hasta de algunos policías que, supuestamente, debían protegerlos. En ese peligroso contexto, Robles sacó de su manga el as que le permitiría retornar a su casa sano y salvo. Tras una suspensión de 51 minutos, el referí regresó al campo de juego y reunió en la mitad del campo a los uruguayos Sasía, Néstor Gonçalves y el arquero Luis Maidana y les confesó que el partido ya estaba suspendido pero que haría jugar los 39 minutos restantes para distender la situación. "Muchachos, ayúdenme porque, si no, nos matan a todos", rogó el juez. El match se reanudó y en pocos minutos Santos "empató" a través de su delantero Pagão. Los hombres de Peñarol casi no volvieron a pisar el área rival, hecho que pasó inadvertido para hinchas, jugadores y dirigentes del equipo paulista, que tras el pitazo final desataron un festejo desorbitado. Ninguno, ni siquiera los periodistas, se enteraron de la puesta en escena. De hecho, periódicos como el matutino O Estado titularon en sus ediciones del día siguiente "Santos empató: es campeón de América". El baldazo de agua fría llegó horas después, cuando la CONMEBOL anunció la anulación de la igualdad, ratificó la victoria visitante y ordenó que ambos clubes se enfrentaran en un tercer y definitivo duelo en Buenos Aires, cuatro semanas más tarde, dirigidos por el prestigioso referí holandés Leo Horn. El 30 de septiembre, en el "Monumental" de River Plate, Santos aplastó a Peñarol 3-0 con dos goles de Pelé y otro en contra del zaguero Omar Caetano. Los brasileños tuvieron al fin su anhelado trofeo. Los jugadores orientales, al igual que el chileno Robles, al menos vivieron para contarla.

Un referí holandés, Laurens Van Ravens, también fue responsable de otro festejo inútil, aunque por una situación muy distinta que nada tuvo de violenta. Van Ravens fue designado por la UEFA para el partido "de vuelta" de octavos de final de la Recopa de Europa 1971/72 entre Sporting Clube de Portugal y Rangers FC de Escocia. El primer juego había terminado 3-2 para los escoceses, y en la capital portuguesa el marcador se repitió a favor de los lusitanos tras 90 minutos de intensa lucha. Tal como lo indicaba el reglamento, el referí hizo jugar un tiempo extra de media hora, dividido en dos segmentos de 15 minutos. En ese período, ambos equipos anotaron un gol, que elevó el marcador global a 6-6. Van Ravens, entonces, se valió de un flamante sistema de desempates incorporado a las competencias internacionales: una serie de disparos desde el punto del penal. En esa instancia, el ágil arquero local Vitor Damas mantuvo su valla invicta —atajó tres remates y un cuarto fue desviado— para que Sporting se impusiera 2-0. La euforia que se apoderó de las tribunas del estadio Alvalade duró apenas un ratito: cuando el árbitro ingresó en su vestuario, un delegado de la UEFA le informó que el vencedor era Rangers porque, al marcar durante la prórroga, había sumado más goles "de visitante" que la escuadra portuguesa. El holandés, avergonzado, debió explicar su error en ambos vestuarios y luego se dirigió a la sala prensa para inmolarse ante las cámaras y micrófonos, al reconocer que la victoria era, en verdad, derrota, y viceversa. Los escoceses, revitalizados, superaron en cuartos a Torino FC, en semifinales a FC Bayern München y, en el partido culminante, jugado el 24 de mayo de 1972 en el Camp Nou de FC Barcelona, a FC Dinamo Moscú. Sin necesidad de pasar por la tanda de penales, por las dudas.

Vendaval

Se dice que el hombre propone y Dios dispone. Y, a veces, el hombre quiere jugar al fútbol pero Dios (o la naturaleza, según agnósticos o ateos) determina que la pelota no camine sobre el agua, se congele sobre la nieve o vuele, ya no por efecto de puntapiés, sino a merced de tornados y tempestades generadas por Eolo. Miles de empapadas jornadas futboleras sufrieron suspensiones y postergaciones, y otras capearon el temporal con insólitas medidas. El 18 de enero de 1879, día en el que las selecciones de Inglaterra y Gales disputaron su primer duelo oficial, una inagotable tormenta apremió a los capitanes a acordar un partido "corto" de dos tiempos de 30 minutos, lo que contó con el beneplácito del empapado árbitro principal inglés Segard Bastard. El encuentro se realizó en el estadio The Oval del barrio londinense de Kennington, donde la escuadra local se impuso 2-1 a pesar de jugar los primeros veinte minutos con diez hombres, debido a que el mediocampista William Clegg arribó a la capital inglesa con retraso por culpa del tren que había tomado en Sheffield, demorado por el mal tiempo.

Lo que el agua se llevó

Puede que una tormenta no sea causa suficiente para interrumpir el rodar de la pelota, mas siempre hay lugar para un escándalo pasado por agua. En noviembre de 2003, en Turquía, la lluvia acompañó los noventa minutos del choque de primera división entre Fenerbahçe Spor Kulübü y Çaykur Rizespor Kulübü, ante la alerta actuación del referí Ali Aydin. Bueno, no tan atenta, porque Aydin amonestó dos veces al defensor colombiano de Rizespor, Gustavo Victoria, pero, un poco olvidadizo el hombre, no le mostró la roja. El encuentro finalizó 1-1 y provocó un chubasco... de quejas de los directivos de Fenerbahçe. Luego de que se presentara una demanda destinada a que se reviera el resultado, la Federación citó al árbitro para que explicara el entuerto. Aydin explicó que no había echado a Victoria porque la primera amonestación, anotada como corresponde en la tarjeta amarilla, se había borrado con el agua de la precipitación. Lo que no aclaró fue cómo había olvidado la primera admonición. Tras analizar lo sucedido, el cuerpo ordenó la repetición del match el 18 de enero. Fenerbahçe se impuso 4-1 y ese triunfo, al final de la temporada, le permitió consagrarse campeón.

¡Rayos!

No es fácil de explicar lo que ocurrió en la República Democrática del Congo en octubre de 1998: en la provincia de Kasai se enfrentaban los equipos de dos aldeas, Bena Tshadi y Basangana, bajo un cielo plomizo que auguraba una fuerte tormenta. En medio del encuentro, comenzó la tempestad y un rayo cayó sobre la cancha. La violenta descarga mató en forma inmediata a los once jugadores locales, pero increíblemente no afectó a ninguno de los hombres de Basangana. En un intento por aclarar lo sucedido, el diario local L'Avenir evaluó que el fenómeno pudo ser obra de un hechicero, en especial porque los veintidós protagonistas y el árbitro estaban desparramados y mezclados por toda la cancha.

Goleadores en la niebla

La niebla es uno de los peores enemigos del fútbol. Cuando una densa nube se mete en un estadio, reinan la confusión y oscuridad. Si no se ve, el partido no puede seguir. Aunque algunos no se den cuenta, como Richard Siddall. El 12 de septiembre de 2003, en el condado inglés de Chesire, cerca de Sheffield, Witton Albion FC y Stocksbridge Park Steels FC llevaban apenas diez minutos jugando por la Northern Premier Football League, una división semiprofesional, cuando surgió una espesa niebla que obligó a suspender el encuentro. Un rato más tarde, en los camarines, el entrenador de Stocksbridge Steels, Wayne Biggins, notó la ausencia del arquero Siddall y lo fue a buscar: el portero seguía "atento" al juego bajo los tres palos. Cuando Biggins le informó al "1" que el partido llevaba suspendido varios minutos, Siddall se puso rojo como un tomate y admitió que "estaba esperando que apareciera algún delantero rival entre la neblina". El pobre portero fue recibido en el vestuario por una lluvia de carcajadas de sus compañeros. No fue el único en sufrir este bochorno. Sam Bartram, cancerbero de Charlton Athletic FC, también se quedó solo cuando su club visitó a Chelsea FC en el capitalino Stamford Bridge el 25 de diciembre de 1937, por el torneo de primera inglés. La ciudad de Londres es famosa por su maciza niebla y seguramente Bartram todavía estaría en su puesto si un policía no le hubiera avisado que el partido llevaba casi media hora cancelado.

Iban 73 minutos cuando una repentina neblina obligó al árbitro a pitar el "no va más" del duelo Oldham Athletic AFC 2-Brentford FC 1 por la tercera ronda de la F.A. Cup inglesa, el 8 de enero de 1927. Rápido de reflejos, el técnico visitante, Harry Curtis, mandó a sus muchachos derechito a las duchas, con la excusa de apurarse para correr a la estación de trenes y recorrer los casi 260 kilómetros que los separaban de casa —desde Boundary Park, en el Gran Manchester, hasta el suburbio londinense de Brentford—. La reglamentación de la F.A. Cup indicaba que todo partido anulado por circunstancias ajenas a su normal desarrollo debía iniciarse con el marcador y el cronómetro en blanco, y el pícaro entrenador Curtis lo sabía a la perfección. Como si lo hubiera previsto, la nube se deshizo tan rápido como llegó y el referí convocó a los equipos a retomar las acciones. Curtis se negó, al sostener que sus muchachos ya estaban bañados y asegurar que ponerse de nuevo las camisetas transpiradas podría provocarles una pulmonía. El juez hesitó aunque, finalmente, aceptó el planteo del técnico visitante y el match fue, entonces, cancelado y reprogramado "de cero" para dos días más tarde. El 10 de enero, el equipo de Brentford volvió a Boundary Park... para llevarse una contundente victoria 2-4.

Cuando visitó Moscú en mayo de 1945, antes del inicio de la Guerra Fría, a Clementine Ogilvy Spencer, la esposa del primer ministro británico Winston Churchil, le pareció una excelente idea que FC Dinamo Moscú realizara una gira por el Reino Unido para afianzar los entonces cordiales lazos entre ambas naciones. El equipo soviético aceptó el convite y viajó para participar en varios encuentros amistosos, entre ellos uno con Arsenal FC de Londres pero en la casa de Tottenham Hotspur FC, White Hart Lane. Ese 21 de noviembre, la escuadra inglesa se imponía 3-2, hasta que una neblina se posó sobre el césped y, si bien no cerró por completo la visión, complicó bastante el trámite del juego y la tarea del árbitro ruso Nikolai Latychev. En la segunda mitad, Dinamo consiguió dar vuelta el marcador para ganar 3-4. Varios periodistas e historiadores aseveran que el equipo visitante se aprovechó del fenómeno para realizar varios "cambios" sin retirar a los sustituidos y, así, ganar el match con entre 15 y 13 jugadores frente a, "apenas", 11 ingleses. Una versión que nunca fue confirmada oficialmente pero que alimenta la extensa lista de leyendas futboleras.

En el arte de aprovechar las cuestiones climáticas al máximo, nadie ha superado al entrenador catalán Xavi Agustí. En 1972, cuando dirigía el Club Deportiu Banyoles en la cuarta división española, Agustí viajó con sus futbolistas desde la ciudad de Bañolas a la vecina Olot, para enfrentar a Unió Esportiva Olot. Al llegar, el técnico notó que una niebla cubría el Estadi Municipal y no permitía ver más allá de diez o doce metros. Agustí le reclamó al referí que anulara el juego, mas éste, encaprichado, rechazó con altivez la observación del "míster" visitante: "Acá mando yo". El entrenador se quedó con la sangre en el ojo, pero prometió darle una lección al ensoberbecido árbitro. Apenas comenzó el match, mandó a todos sus suplentes a calentar detrás del arco de Olot con una misión: en cada tiro de esquina, uno o dos de ellos debían meterse en el área y mezclarse con sus compañeros, amparados por la cortina nubosa.

Banyoles ganó ese día 0-1 con un tanto de cabeza, tras un córner, anotado por un jugador "fantasma" que "desapareció" de la cancha luego de que titulares y suplentes celebraran la conquista en un enorme ramillete. Pero la cuestión no terminó allí: antes del final,

Agustí ordenó a uno de los suplentes quedarse en el campo hasta que terminara el encuentro. Cuando el referí pitó, el técnico se le acercó y le pidió que contara los futbolistas del equipo visitante. El colegiado quedó estupefacto al sumar doce hombres de Banyoles en cancha. "¿Ves como no se podía disputar el partido?", ironizó. La clase había finalizado.

El discurso del rey

Esta historia está también relacionada con una caprichosa niebla, pero merece un lugar destacado por su singular contexto, su increíble desarrollo y su fantástico final. El primero de enero de 1940, cuatro meses después de que el rey británico George VI declarara la guerra a Alemania y a Adolf Hitler, los clubes escoceses Hibernian FC y Hearts of Midlothian FC se reunieron en Easter Road para disputar un nuevo clásico de Edimburgo ante unas 14 mil personas. El match fue autorizado para distraer un poco a la nerviosa población y también su transmisión radial, mas el temor de un ataque por parte de la Luftwaffe, la fuerza aérea nazi, obligó a que se tomaran algunas medidas. Aunque la capital escocesa estaba esa tarde cubierta por espesas nubes, la dirección de la British Broadcasting Corporation (BBC) ordenó de manera tajante al periodista Bob Kingsley (un apellido que significaría en español "pequeño rey" o "reyecito") que, a lo largo de su relato, remarcara varias veces que el encuentro se jugaba bajo un sol radiante. La idea de esta consigna era que, si un eventual espía germano escuchaba la señal, no pudiera orientar una acción bélica aérea contra Edimburgo. Kingsley aceptó y se preparó para desplegar todas sus habilidades en pos de describir las acciones del duelo deportivo y, al mismo tiempo, engañar con sus comentarios climáticos a los enemigos. Nunca imaginó que su esfuerzo sería sobrehumano. Segundos antes del inicio del derby, las nubes descendieron y se transformaron en una espesa niebla que cegó a los hinchas, a los jugadores, al árbitro y al propio Kingsley. El periodista, que no veía a tres metros de su nariz, no sólo tuvo que inventar el entorno meteorológico sino debió "relatar" un partido completamente ficticio. Pases, disparos, atajadas, faltas y goles inexistentes fueron descriptos unos tras otros con excepcional detalle bajo un cielo tan diáfano como el carbón. De todos modos, ¿quién iba a poder retrucarle algo al relator? El público veía tan poco como él y los futbolistas no podían hilvanar dos pases seguidos. Tan invisible era lo que ocurría del otro lado de la línea de cal, que Kingsley, al borde de la disfonía y de un colapso nervioso, no se enteró de que el juego había terminado y extendió su narración diez minutos más allá del pitazo final. Encima, su "apasionante empate 3-3" había sido, en realidad, una electrizante victoria de Hearts 5 a 6. Suele afirmarse que los relatores de fútbol dicen muchas tonterías. Seguramente ninguno podrá superar el trabajo de Kingsley ese día. Pero, a su favor, hay que resaltar que lo hizo por una buena causa.

Neblina infame

Everton FC peloteaba a Woolwich Arsenal FC (llamado hoy simplemente Arsenal FC) en el estadio londinense Manor Ground, el 26 de noviembre de 1904. Los "Toffees" ("golosinas", como se conoce a este club de la ciudad de Liverpool porque cerquita del lugar donde se estableció su hogar, Goodison Park, había una famosa tienda de dulces) se imponían con comodidad 1-3 y escalaban a la cima de las posiciones del torneo de primera división inglés. Sin embargo, la victoria no llegó a consolidarse porque, a sólo 14 minutos del final, la tradicional y compacta niebla de la capital británica apareció de improviso para cubrir con su opaco manto todo el terreno de juego. El referí suspendió las acciones y pocos días después la Football Association dictaminó que el encuentro volviera a jugarse "de cero" más adelante. Everton protestó el fallo, mucho más cuando se determinó que ese partido se intercalara al final de la temporada entre otros dos duelos, ante Manchester City FC y Nottingham Forest FC, con un agravante: Los Toffees debían afrontar tres duelos en cuatro días, todos como visitantes. A pesar de las quejas Everton se presentó a jugar cada encuentro. El viernes 21 de abril, cayó 2-0 en Manchester; al día siguiente, regresó a Londres para cambiar su triunfo 1-3 por una derrota 2-1 con Woolwich Arsenal, esta vez a pleno sol; el lunes 24, la escuadra de Liverpool derrotó a Nottingham Forest 0-2, mas esta victoria no alcanzó para apoderarse del título de campeón, que quedó para Newcastle United, ¡por solamente un punto de diferencia!

El cantante

Hacia 1906, AC Milan incorporó un arquero holandés llamado François Knoote, quien además descollaba como cantante lírico y había actuado con éxito en la "Metropolitan Opera" de Nueva York. Por la calidad de su desempeño bajo los tres palos, Knoote era considerado el portero titular del equipo aunque tenía una curiosa actitud: sólo se entrenaba o jugaba los días sin lluvia y con el terreno seco, para cuidar su garganta de un eventual catarro que afectara su carrera como intérprete. Su mayor anhelo era intervenir en una ópera en el famoso "Teatro Alla Scala" milanés. Los viernes, cuando los jugadores se reunían para armar el equipo del domingo, Knoote pasaba primero por la galería "Vittorio Emanuele II" —situada en el centro de la ciudad, frente al Duomo—, donde había un barómetro con el cual pronosticar eventuales tormentas. Si el instrumento vaticinaba mal tiempo (algo relativamente común en la populosa capital lombarda), el holandés dejaba su puesto al arquero suplente, Attilio Trere. Una tarde, mientras Milan jugaba en su antigua cancha con Knoote en el arco, una nube "pasajera" cubrió de manera repentina el cielo y descargó un breve aguacero. En medio de una jugada, los futbolistas milaneses se dieron cuenta de que su arco había quedado vacío. ¡El portero se había refugiado de las gotas al vestuario! Milan continuó el match con diez hombres, uno de ellos en el puesto abandonado, y Knoote sólo retornó a la cancha cuando el nubarrón se disipó y volvió a brillar el sol.

Lo que el viento convirtió

El gol que FC Dinamo de Kiev le marcó a Maccabi Haifa FC el 29 de febrero de 2012 debe ser único. Ambos equipos jugaron ese día un amistoso en la villa deportiva de la institución israelí, en medio de un vendaval. El viento, que soplaba muy fuerte, pareció complicar más a los dueños de casa, que perdían 0-4 a los 60 minutos de juego. En ese momento, el arquero local, Assaf Mendes, cortó con sus manos un centro ucraniano y lanzó la pelota al suelo para sacar un potente y alto disparo hacia el mediocampo rival. Pero una violenta ráfaga se cruzó en su camino y "pateó" el balón hacia la meta israelí, con inusitada dureza. La pelota realizó un serpenteo vivaz y se clavó junto al palo derecho del arco de Maccabi, sin que el pobre Mendes pudiera reaccionar para evitar su insólito gol en contra. Tanto los muchachos de Dinamo como el árbitro se solidarizaron con el portero: los primeros no celebraron el tanto y el referí suspendió el match de inmediato.

Juez de línea de 14 años

Dos minutos antes del encuentro que el 28 de abril de 1991 protagonizaron CA Huracán y CA Chaco For Ever, por la primera división argentina, los altoparlantes del coliseo porteño "Tomás Adolfo Ducó" explotaron: "Si algún árbitro de la AFA se encuentra en las tribunas, solicitamos urgente su presencia en el vestuario". Sucedió que uno de los jueces de línea que debían acompañar al referí Guillermo Marconi, Oscar Pesce, no había llegado a tiempo para la cita, por lo que se tuvo que recurrir a un reemplazante improvisado. Pero, como ninguno de los presentes respondió a la convocatoria, Marconi, en un acto por lo menos arriesgado, le entregó el banderín a un adolescente de 14 años que había ido al estadio para presenciar el match... ¡como hincha de Huracán! El muchacho, Leonardo Fernández Blanco, se animó y, aunque no vistió uniforme —de riguroso negro en esos tiempos—, colaboró con el referí para que se iniciara el partido. La tarea del joven sólo se extendió hasta los 28 minutos del primer tiempo, cuando fue reemplazado por el demorado Pesce. "Marconi me dio una sola indicación: que marcara los laterales", dijo Fernández Blanco al término del encuentro. El árbitro, en tanto, explicó que su determinación estaba contemplada por el reglamento. Esa tarde,

Huracán derrotó al conjunto chaqueño 4-3, pero la labor del muchacho, confeso hincha "quemero", no favoreció en absoluto al conjunto local. De hecho, al momento de su relevo, el marcador se encontraba 1-1.

Banderín por micrófono

Casi tan bizarra como el caso anterior resultó una situación acontecida en Inglaterra. El 16 de septiembre de 1972, a poco de que finalizara la etapa inicial de un trascendental Arsenal FC-Liverpool FC —segundo y puntero, respectivamente, de la liga de primera división— uno de los jueces de línea, Dennis Drewitt, efectuó un mal movimiento y se rompió los ligamentos. Drewitt aguantó hasta que se cumplieran los 45 minutos, mas desistió de continuar en su puesto a raíz de la gravedad de la lesión y el intenso dolor que sentía. En esos tiempos, los partidos no contaban con un cuarto árbitro, de modo que, por los altoparlantes, se preguntó si entre el numeroso público que reventaba las tribunas de Highbury (unas 45 mil personas) había algún referí habilitado para ocupar el puesto vacante durante el complemento. Como nadie se presentó, el árbitro Pat Partridge decidió cancelar el match, que se transmitía en directo por televisión. Este dato no es menor: Para evitar que el juego se suspendiera y, por ende, los televidentes se quedaran sin su programa, quien se ofreció para manipular la banderita fue el comentarista Jimmy Hill, quien años antes había realizado el curso de referí para perfeccionarse como periodista deportivo. Hill ofreció su auxilio a Partridge. "Si no encuentran a otra persona mejor calificada, los ayudaré con gusto. Es una lástima que el juego se interrumpa", le indicó el comentarista al árbitro. Vestido con un traje gris, camisa negra, corbata rosa y zapatos, Hill bajó a uno de los vestuarios, donde le proporcionaron zapatillas y un conjunto deportivo celeste, más apropiados para ejercer la nueva función. De esta forma, el show pudo seguir. El duelo terminó sin goles, lo que favoreció a Liverpool: pocas fechas más tarde se consagró campeón con tres puntos de ventaja sobre Arsenal.

No sale

Fábio Baiano no daba más. Con un fuerte dolor en el muslo izquierdo, producto de una contractura que lo obligaba a renguear, el volante ofensivo de Sport Club Corinthians Paulista decidió dejar la cancha. Pero, cuando se acercó a la línea de cal a la altura del banco de suplentes del estadio Pacaembu de la ciudad brasileña de San Pablo, el entrenador del "Timao", Tite, le salió al cruce. "Usted no sale, se queda dentro del campo", ordenó el técnico. Ese día, 26 de septiembre de 2004, Corinthians, que empataba sin goles con Goiás Esporte Clube por el campeonato brasileño de primera división, ya había efectuado los tres cambios autorizados por el reglamento y no podía darse el lujo de quedarse con un hombre menos cuando todavía quedaban 15 minutos, ya que necesitaba una victoria que lo acercara a la clasificación para la Copa Libertadores. Empero, Baiano, muy afligido por su dolencia, no quería acceder al mandato de Tite. Jugador y entrenador protagonizaron, entonces, una fuerte discusión mientras el partido continuaba. "Me quedo, pero no me pienso mover", zanjó el entredicho el jugador, a regañadientes. Mas el amor por la pelota pudo más y a los 89 minutos, cuando un pase lo encontró solito en el mediocampo, Baiano se lanzó a toda velocidad hacia el área rival y, cuando se le interpuso el único defensor que quedaba en la retaguardia visitante, sacó un derechazo tremendo que, tras volar 25 metros, pegó en el travesaño, picó dentro del arco y se durmió en la red. El goleador corrió a abrazarse con Tite y cerró su desahogo con un indulgente "tenías razón". Corinthians consiguió así un emotivo triunfo 1-0 que, aunque no alcanzó para entrar en la Libertadores, permitió al conjunto paulista acceder a la Copa Sudamericana.

Solidario

El delantero de Unione Calcio Sampdoria Fabio Bazzani saltó a cabecear el balón y... ¡Pum! Le aplicó un codazo en el rostro a Cesare Natali, su rival de Atalanta Bergamasca Calcio. El golpe —absolutamente accidental, ocurrido el 7 de noviembre de 2004 durante un encuentro de la Serie A italiana disputado en el estadio Atleti Azzurri d'Italia— abrió una profunda y sangrienta herida en la cara de Natali, quien debió ser asistido por los médicos del club local del otro lado de la línea de cal. Para sorpresa de espectadores, los árbitros y el resto de los futbolistas, Bazzani, en lugar de continuar tras la pelota, esperó fuera de la cancha a que su colega se recuperara y sólo retornó al juego tres minutos después, junto al defensor herido. La actitud caballeresca fue muy elogiada por los hinchas y la prensa, aunque Bazzani minimizó su decente acción. "No soy ni me siento un santo. Es que muchas veces del fútbol se muestra la peor cara. Existen códigos. La lealtad y el respeto por el rival no son tan raras como puede parecer desde afuera", aseguró el futbolista. Natali, de todos modos, agradeció el gesto: "Fabio se portó de primera. Creo que le dio un poco de miedo verme sangrar tanto. Aun sin querer, me dio con el codo para defender la pelota. El haberme esperado creo que fue una manera de pedirme disculpas". El match terminó sin goles pero los espectadores disfrutaron la actitud de Bazzani como una goleada de "fair play".

Bandera blanca

La mayor goleada del superclásico argentino Boca Juniors-River Plate, uno de los duelos entre clubes más coloridos y pasionales del mundo, se produjo durante la Era Amateur, el 23 de diciembre de 1928, en un encuentro muy extraño de la antigua primera división argentina. Boca fue superior a su rival desde el pitazo inicial y abrió el marcador a los 3 minutos, con una eficaz definición de Domingo Tarasconi. El balde de agua fría despabiló a River, que salió presuroso en búsqueda de la igualdad y unos minutos más tarde, a los 20, consiguió un tiro de esquina que sabía prometedor. Manuel Debatte lanzó desde el córner y dos jugadores millonarios, Gerónimo Uriarte y Alejandro Giglio, fueron a buscar la pelota a las alturas. Pero, en lugar del balón, los dos muchachos se cabecearon entre sí y quedaron, ambos, nocaut y con severas lesiones en el cráneo. River continuó con nueve hombres —en ese entonces no se permitían los cambios— y Boca no dejó pasar el tren: Esteban Kuko y Roberto Cherro anotaron un doblete cada uno para subir el score a 5-0. Según el diario La Nación, a diez minutos del final, otro jugador millonario, Francisco Gondar, se retiró desmayado tras recibir un potente pelotazo en el estómago. River se encontró así 8 contra 11 sobre el césped y 0 contra 5 en el marcador. En la jugada siguiente, Tarasconi quedó solito ante el arquero Carlos

Isola, quien se mantuvo inmóvil y no opuso resistencia para la sexta conquista xeneize, en supuesta disconformidad por la abismal diferencia. Diezmado su equipo en la cancha y el tanteador, el capitán riverplatense, Camilo Bonelli, pidió piedad al árbitro Eduardo Forte y éste la concedió cuando todavía quedaban unos ocho minutos por jugar. Boca consiguió así una apabullante victoria 6-0, jamás igualada ni empatada en la historia del Superclásico, que no fue más amplia porque River desplegó la bandera blanca... ¡sin su tradicional banda roja!

Corazón de león

Harry Lyon se ganó el estatus de "héroe legendario" del club inglés Wigan Athletic FC en un increíble match jugado en Springfield Park, ante Doncaster Rovers FC, el 17 de noviembre de 1965. Esa jornada, ambos equipos se reencontraron para destrabar un empate a dos de primera ronda de la F.A. Cup, ocurrido cuatro días antes en Belle Vue, el antiguo estadio de Doncaster Rovers. La historia comenzó muy mal para Wigan: la visita abrió el marcador casi de inmediato y Lyon, atacante estrella, abandonó el campo en camilla a los 19 minutos, tras recibir una terrible patada en el tobillo izquierdo, que los siete mil espectadores creyeron roto. Sin embargo, en el vestuario, un médico revisó a Lyon y notó que no había fractura, pero sí ligamentos muy dañados y un hematoma gigante. No obstante, el corazón de Lyon era más grande que la inflamación: ordenó al galeno efectuar un fuerte vendaje y que le suministrara aspirinas que bajó... ¡con whisky! Tras el entretiempo y decenas de besos a la botella de sabroso licor escocés, Lyon, revitalizado por el potente cóctel de analgésicos y alcohol, regresó con nuevos bríos al campo de juego. Su actuación fue descomunal: marcó los tres goles que le dieron a Wigan la victoria y el pase a la siguiente ronda de la Copa. Dos fueron anotados con la pierna herida. Los hinchas locales celebraron extasiados la hazaña extraordinaria, que el propio ídolo no pudo festejar: los vapores de la pócima habían nublado la cabeza de Lyon, quien en la cancha estuvo en cuerpo pero no en alma. Tras una larga ducha en el vestuario, el goleador volvió en sí de su borrachera y admitió a sus emocionados compañeros que no recordaba un solo detalle de su increíble gesta.

Hat-crac

Que un defensor central marque tres goles en un solo partido (lo que algunos periodistas llaman "hat-trick) es raro. Pero mucho más extraño fue el caso de un zaguero de West Ham United FC, Alvin Martin, quien el 21 de abril de 1986, ante Newcastle United por la primera división inglesa, consiguió una tripleta ante tres arqueros diferentes. ¿Cómo pudo ocurrir una situación de estas características? ¡A costa de lesiones! Esa tarde, en el estadio londinense Upton Park, Martin empujó con su pierna derecha un centro desde la izquierda de Alan Devonshire y doblegó la resistencia del portero galés Martin Thomas. En la segunda mitad, ya con el tanteador 4-0, Thomas chocó ante un delantero local y se lastimó los ligamentos del hombro derecho. Como el arquero no pudo continuar, fue reemplazado por el único suplente autorizado en ese entonces por la Football Association, el volante Ian Stewart, pero el buzo verde se lo calzó el mediocampista Chris Hedworth. Pocos segundos más tarde, Martin volvió al área rival para cabecear a la red un córner desde la derecha lanzado por Mark Ward, que venció las manos de Hedworth y aumentó a cinco la cuenta de la escuadra dueña de casa. En esa jugada, el improvisado arquero colisionó, en su intento por evitar la conquista, contra su poste derecho y se fracturó la clavícula, por lo que también debió abandonar la cancha. Esta vez sin sustituciones, Newcastle quedó con diez hombres y su delantero Peter Beardsley bajo los tres palos. A seis minutos del final y con el marcador 7-1, el zaguero visitante Glenn Roeder cometió una tosca falta sobre el atacante Tony Cottee dentro del área, que derivó en un lógico penal. El defensor escocés Ray Stewart era el encargado de disparar desde los once metros, pero cedió la oportunidad a Martin pues su nombre era reclamado a los gritos por los hinchas. Con un derechazo cruzado, Martin consiguió el octavo tanto de West Ham y completó esta insólita tripleta ante un "hat-trick" de arqueros.

Las instrucciones de Hirschl

Para afrontar el campeonato de 1938, CA River Plate contrató como técnico a Emérico Hirschl, un colérico húngaro que se caracterizaba por tratar a sus jugadores de muy mala manera. Sin embargo, a pesar de esta peculiar cualidad del europeo, que no era vista con buenos ojos por los futbolistas, sus rezongos dieron frutos en más de un oportunidad. La tarde del 7 de agosto de ese año, por la fecha 15 del torneo de primera división, el entrenador del conjunto "millonario" se encontraba en problemas para armar la escuadra que debía enfrentar a Racing Club en Avellaneda. Hirschl, quien no le encontraba "la vuelta" a la formación por tener a varias de sus estrellas lesionadas, advirtió que en una de las tribunas se encontraba una de ellas, Luis María Rongo, un gran delantero que, precisamente, padecía una dolencia muscular. El entrenador convocó al atacante al camarín a través de los altoparlantes del estadio y, cuando el atacante se presentó, le tiró una camiseta y le ordenó: "Juegue y gane, porque, si no, le rompo la cabeza". "Motivado" por las indicaciones tácticas del húngaro, Rongo salió a la cancha y, a pesar de la afección, anotó los tres tantos con los que la escuadra de la banda roja derrotó a la "Academia" 2-3.

Gritón

El arquero de Manchester United FC Alex Stepney se levantó de muy mal humor el 19 de agosto de 1975. Apenas comenzó el duelo de primera división con Birmingham City FC, en St. Andrews, el "1" visitante inició una serie de fuertes gritos para ordenar a sus defensores. Más irascible que nunca, Stepney despotricó una y otra vez con fuertes vociferaciones y groseros insultos. De pronto, como por arte de magia, el portero dejó de emitir los ardientes sonidos que ya estaban hartando a sus compañeros. Los jugadores de Manchester pensaron que Stepney había entrado en razón y modificado su huraño carácter de esa tarde. ¡Nada de eso! ¡El arquero se había dislocado la mandíbula de tanto gritar! Tras ser asistido por un médico, el chillón, muy dolorido, debió dejar la cancha. Sin chances para efectuar sustituciones, su puesto fue ocupado por el volante Brian Greenhoff y la escuadra visitante siguió con diez, lo que no fue obstáculo para imponerse a Birmingham por 0-2.

El diagnóstico

En mayo de 1929, en un partido muy cerrado entre CA Huracán, el puntero del torneo amateur de primera división argentino, y CA Independiente, disputado en Parque de los Patricios, el arquero visitante Néstor Sangiovanni chocó contra un delantero del "globito" y quedó tendido varios minutos. Por ese entonces, lo habitual era que el club local aportara el médico para los 22 protagonistas. De este modo, el portero de Independiente, responsable principal de que el marcador estuviera en blanco, fue revisado por un facultativo hincha de Huracán. El pícaro galeno, al ver una oportunidad servida en bandeja para darle una manito a su equipo, antepuso su pasión al juramento hipocrático: afirmó que Sangiovanni tenía tres costillas fracturadas y llamó una ambulancia para trasladar al "1" a un hospital cercano. El arco, entonces, fue cubierto por el defensor Ernesto Chiarella y el conjunto de Avellaneda continuó con diez hombres. A pesar del ardid, la ventaja numérica conseguida por el malicioso doctor no le impidió a Independiente derrotar a Huracán 1-2. Fracasada su gestión, el médico finalmente reconoció su "error" a los dirigentes visitantes y admitió que Sangiovanni no había sufrido quebraduras y sólo tenía un fuerte machucón. Al menos, no pasó una factura por su consulta.

El embustero

El libro francés "Les incroyables du football" asegura que, en la década de 1930, el equipo galo FC Sochaux-Montbéliard tenía en sus filas un delantero inglés de apellido Cropper, que utilizaba una dentadura postiza. La periodista Sylvie Lauduique-Hamez afirma que, durante un match de liga, Cropper ingresó al área rival y, tras un leve contacto con un defensor, se dejó caer de forma aparatosa. Mientras el británico aterrizaba sobre la hierba, escupió la prótesis. El referí, al ver los dientes por el suelo, creyó que el golpe había sido bestial y marcó penal para Sochaux. Gracias a este ardid, "los cachorros" (como se conoce a esta escuadra situada en el este de Francia, muy cerquita de Suiza, fundada por la familia Peugeot para que sus empleados desarrollaran una actividad recreativa) ganaron el encuentro y Cropper dos premios Oscar: uno a la mejor actuación, otro a los mejores efectos especiales.

Entretiempo

El entretiempo es un período de descanso, de relax entre las dos mitades de un partido de fútbol. Un momento en el que no pasa nada sobre el césped, pero que suele ofrecer situaciones muy calientes en los vestuarios, ideales para romper tratos. En 2003, Iraty Sport Club, un equipo de la liga del estado brasileño de Paraná, se fue a los vestidores con una goleada en contra 1-4, encima como local, ante Prudentópolis Esporte Clube. Su ansioso presidente, Sergio Malucelli, no quiso esperar hasta el final del partido para descargar su bronca por la humillante paliza: apenas terminada la primera mitad, bajó al vestuario y echó ahí mismo a Marco Antonio, el arquero del equipo.

Otro que "aprovechó" el período de supuesta quietud y reposo para dar rienda suelta a su furia fue el entrenador argentino Néstor Clausen. En octubre de 2006, el ex defensor —campeón del Mundo en México 1986— renunció a su cargo en Football Club Sion en el intermedio de un partido que su equipo, puntero de la Super Liga de primera división suiza, perdía 0-1 ante FC La Chaux de Fonds, de la segunda categoría, por la Copa nacional helvética. Clausen argumentó que sus jugadores no lo respaldaban. El resultado final de ese encuentro pareció darle la razón: ganó Sion 3 a 1.

En 1999, el presidente del equipo alemán Sport Club Fortuna Köln, un millonario de mal carácter llamado Jean Löring, echó a su entrenador, el ex arquero internacional Harald "Toni" Schumacher, en el descanso de un encuentro de Segunda División que perdían 0-2 ante SV Waldhof Mannheim. Schumacher abandonó de inmediato el Südstadion y se marchó a su casa para gozar por televisión cómo su flamante ex equipo, dirigido por el propio Löring, perdía 1-5.

No cayeron en la tentación

Había que detener a Camerún, como fuera. Como defensor del título de 2000, los "leones indomables" eran los favoritos para quedarse otra vez con la Copa Africana de Naciones 2002 que se realizaba en Mali. El 7 de febrero, Camerún debía enfrentar en la semifinal, precisamente, a la escuadra anfitriona. Esto alarmaba a los dirigentes malíes, que reconocían la superioridad del rival. Tras un rápido repaso de la situación, los directivos decidieron recurrir a una estratagema extradeportiva que los ayudara a alcanzar la victoria dentro de la cancha: llenar el hotel de Bamako —la capital malí— donde se alojaban los cameruneses con jóvenes y hermosas prostitutas. Sin embargo, los futbolistas visitantes no cayeron en la tentación y se mantuvieron sordos al dulce canto de las bellas "sirenas" que pretendían mermar sus fuerzas con sus virtudes amatorias. Camerún aplastó 3-0 a la selección local y en la final derrotó por penales a Senegal. No se sabe si, una vez terminada la vuelta olímpica, los campeones evaluaron aflojar su resistencia y acceder a los encantos de las señoritas. De todos modos, el hotel había quedado "vacío" apenas terminada la semifinal.

¿Para qué te quejaste?

La campaña 1993/94 del club alemán FC Nürnberg Verein für Leibesübungen era lo suficientemente mala para que sus propios dirigentes intervinieran para cambiar una injusticia por... una tragedia. El 23 de abril de 1994, la escuadra bávara viajó a la cercana Munich para enfrentar al gigante FC Bayern München en su estadio Olímpico. Con el marcador 1-0, un córner desde la derecha para el equipo local cayó en los pies del defensor Thomas Helmer, quien debajo del travesaño y a cinco centímetros de la línea de gol empujó la pelota... ¡afuera! Al tremendo error del zaguero muniqués lo sucedió otro mucho peor del árbitro Hans-Joachim Osmers y su asistente Jörg Jablonski, quienes, de manera increíble, dieron "gol" para el conjunto local. Los jugadores de Nürnberg se quejaron, pero no hubo caso: Osmers se mantuvo firme y el match continuó como si nada. Los visitantes cayeron finalmente 2-1 y sus dirigentes corrieron a la sede de la federación germana con un video del encuentro que demostraba claramente que la pelota impulsada por Helmer no había cruzado la meta visitante. Se trataba de un inobjetable "gol fantasma".

Tras analizar la situación, la entidad dio lugar a la queja de los representantes de Nürnberg y ordenó que el partido volviera a jugarse "de cero". Así se hizo: los dos clubes regresaron al Olympiastadion el 3 de mayo, esta vez conducidos por el árbitro Bernd Heynemann. Bayern München se impuso en esta segunda oportunidad por 5 a 0, lo que condenó al descenso a su rival, ¡por diferencia de goles! Los directivos de Nürnberg no volvieron a protestar nunca más por un arbitraje.

Doble descenso

Cuando salieron a la cancha, el 20 abril de 2002, CA Platense y CA Racing de Córdoba tenían un objetivo común: ganar para mantenerse en la B Nacional, la segunda categoría argentina. Una derrota significaba el descenso; una igualdad se resolvía según otros resultados. El duelo terminó en parda, 2-2, con tantos de Diego Graieb y Luis Velázquez, para el local, y de José Luis Fernández y Carlos Bertola, de penal, para el club cordobés. Como también se sucedieron sendos empates en los encuentros de los otros clubes comprometidos con el "promedio del descenso", Godoy Cruz Antonio Tomba y El Porvenir, Platense y Racing perdieron juntos la categoría.

"Hat-tricks" fatales

CA Boca Juniors y CA San Lorenzo de Almagro se enfrentaron por primera vez en primera división el 7 de noviembre de 1915, en la cancha que los "xeneizes" tenían en esa época en la localidad bonaerense de Wilde, partido de Avellaneda. Esa edición inaugural del que, años después, sería uno de los clásicos más importantes del fútbol argentino, tuvo al jugador visitante José Coll como el máximo goleador de la tarde, con tres tantos. Lamentablemente para Coll, quien actuaba como arquero en el cuadro de Boedo, las tres anotaciones ingresaron por el mismo marco que trataba de proteger. A los 30 minutos del primer tiempo, con el marcador en blanco, el guardameta desvió hacia la red un potente centro enviado por el puntero local Luis Ruggiero, quien debutaba ese mismo día. Ya en la segunda etapa, con Boca adelante 3-0 —habían aumentado los delanteros Adolfo Taggino y Antonio Galeano, a los 35 y 42 minutos respectivamente—, el portero salió a cortar un nuevo avance rival pero, tras una serie de rebotes que culminó en una de sus piernas, la pelota terminó entre las mallas. Minutos después, sumamente perturbado por su nefasta actuación, Coll atrapó la pelota y la mandó ex profeso al fondo del arco, hecho que determinó el quinto y último gol del match que sirvió como puntapié inicial del hoy tradicional duelo entre "xeneizes" y "cuervos".

Uno de los encuentros más extraños de la Bundesliga se produjo el 14 de diciembre de 2009, cuando se enfrentaron Borussia VFL 1900 Mönchengladbach y Hannoverscher Sportverein von 1896. Esa tarde, en Borussia-Park, hubo una catarata de goles: el tunecino Karim Haggui, del equipo visitante, abrió el marcador; luego marcaron el canadiense Rob Friend (Borussia), los marfileños Didier Ya Konan y Constant Djapka (Hannover), el estadounidense Michael Bradley (para el local), otra vez Ya Konan, el alemán Christian Schulz (Hannover) y nuevamente el tunecino. Así leído, Hannover se impuso por goleada, 2-6. Empero, los dos tantos de Haggui y el de Djapka fueron en contra, de modo que Borussia ganó el duelo 5-3. La Deutscher Fußball-Bund (la Federación Alemana de Fútbol) inició una investigación para determinar si en ese match había ocurrido alguna anormalidad, como un eventual soborno o algún arreglo vinculado a las mafias de las apuestas ilegales. La única conclusión a la que se arribó es que Haggui y Djapka habían actuado incentivados... por su propia torpeza.

Otra calamidad equivalente padecieron los jugadores e hinchas de Sheffield Wednesday FC, el 26 de diciembre de 1952. Los integrantes del equipo del centro de Inglaterra anotaron siete tantos, pero cayeron 4-5 ante West Bromwich Albion, que se benefició con la generosa tripleta.

Según los "libros de historia", a nivel profesional habría sólo tres jugadores "de campo" (para exceptuar al ya citado arquero José Coll) responsables de una vergonzosa "tripleta" en propia meta en primera: uno es el argentino Jorge Ninjo, quien con su mala puntería ayudó a Clube Atlético Mineiro a derrotar 5-1 a Esporte Clube Democrata por el campeonato estadual de Minas Gerais de 1982.

Igual de deshonroso, aunque más frustrante, es el caso del belga Stan Van den Buys, del desaparecido club Germinal Ekeren FC (en 1999 se fusionó con otra escuadra, Beerschot AC, para formar Koninklijke Beerschot Antwerpen Club). El 22 de enero de 1995, Van den Buys contribuyó con su "hat-trick" para que su equipo cayera ante Anderlecht... ¡2-3! En síntesis, el conjunto de Amberes perdió aunque los cinco tantos del match fueron obra de sus propios hombres.

En 1958, en la ciudad colombiana de Manizales, Club Atlético Bucaramanga vencía 3-4 al equipo local, Deportes Caldas (hoy Once Caldas). Las tres anotaciones de la escuadra dueña de casa habían sido conseguidos por el mismo jugador, Orlando "Choclo" Martínez, quien vestía la camiseta de... ¡Bucaramanga! A sólo un minuto del final, el referí marcó un tiro de esquina para Caldas. Al entender que sus compañeros se distribuían de forma desordenada dentro del área para rechazar el ataque local, el delantero argentino Miguel Zazzini corrió hacia ellos y, a los gritos, ordenó a sus defensores: "Por favor, marquen al Choclo". Con Martínez bien contenido, Bucaramanga logró mantener la victoria a pesar de la fatal jornada.

Pelotazo en contra

El duelo se moría. Esa tarde, 17 de diciembre de 1955, Blackpool FC había sido poca cosa en Highbury, feudo del poderoso Arsenal FC londinense. Jimmy Bloomfield, Vic Groves, Cliff Holton y Derek Tapscott habían marcado los tantos de una paliza 4-0 que estaba a punto de concluir. En esos últimos instantes, el hábil defensor local Denis Evans recuperó una pelota casi en la media cancha y, por efecto de la jugada, quedó de frente a su portero, Con Sullivan. Sonó el silbato y Evans, tal vez goleador frustrado de la jornada, sacó un fuerte disparo de casi 35 metros que se clavó junto al travesaño de su propio arco. Sullivan voló para rechazar el pelotazo, pero nada pudo hacer para evitar el descuento del equipo visitante. ¿Cómo "descuento"? Ocurrió que el pitazo escuchado por Evans no provino del árbitro, sino de un chistoso sentado en la tribuna. El referí convalidó el tanto y, un segundo después, volvió a soplar su silbato para dar por terminado el encuentro. Evans pudo quitarse el mal sabor al año siguiente, al ser designado para ejecutar los penales. Así, consiguió 12 goles "a favor" en 189 presentaciones con la camiseta de los "gunners".

Entrenador y camarero

Un par de días antes de un encuentro amistoso con Inglaterra en el desaparecido estadio de Wembley, el técnico de México, Ignacio Trelles, advirtió que un intruso acodado en la barra del *pub* del hotel conversaba animadamente con dos de sus futbolistas: Antonio Carbajal y Raúl Cárdenas. El entrenador olfateó que el desconocido, que se relacionaba con los aztecas básicamente a través de gestos, tramaba algo extraño. A los pocos minutos, Carbajal —célebre portero que actuó en cinco Copas del Mundo— y su compañero salieron del edificio sin avisar a nadie ni pedir autorización a los delegados, acompañados por el extraño. Trelles, astuto, los siguió y comprobó que los tres ingresaban a un bar cercano, donde el tipo invitó a los futbolistas a sentarse junto a dos señoritas. El ingenioso técnico entró al *pub* por la puerta de servicio, le pidió al mesero que le prestara su servilleta y caminó hacia la mesa donde Carbajal y Cárdenas conversaban animadamente con las mujeres. Trelles se paró frente a sus jugadores y preguntó: "¿Qué van a ordenar los señores?". Los futbolistas se quedaron petrificados. El entrenador se llevó a los muchachos de regreso al hotel, casi de las orejas, como una madre que acaba de descubrir a su pequeño hijo cometiendo una travesura.

Uno por dos

La minuciosa investigación efectuada para la elaboración de este trabajo se topó con un hecho único: un gol adjudicado a dos futbolistas. El registro oficial de la Football Association de Inglaterra otorgó un tanto del club londinense Chelsea FC, conjuntamente, cincuenta y cincuenta —o, para decirlo de forma más apropiada, "fifty-fifty"—, a Jack Froggatt y Stan Milburn. La asombrosa y excepcional conquista se produjo el 18 de diciembre de 1954 en el estadio Stamford Bridge de la capital británica y así fue asentada en la planilla por el árbitro Arthur Ellis. Para que la infrecuente situación haya adquirido un carácter todavía más extraño, hay que resaltar que Froggatt y Milburn no vestían la camiseta de Chelsea, sino la de Leicester City FC, el rival del club londinense esa tarde en la liga de primera división. Con marcador todavía en blanco, los dos defensores se lanzaron a despejar un centro rival con voraz presteza, decidida impericia y, por supuesto, pésima suerte. La pareja alcanzó la pelota en el mismo instante para armar un ridículo sándwich de pie que mandó el esférico derechito hacia la red del arco que defendía su sorprendido compañero escocés John Anderson. Chelsea se impuso ese día por 3 a 1, mas el bronce quedó para la apertura del marcador: El único un gol de la historia anotado por dos jugadores distintos y, encima, ¡en contra!

Como con la mano

Después de 16 años, el estadio St. Andrews era otra vez escenario del clásico de la ciudad de Birmingham, Birmingham City FC-Aston Villa FC, uno de los duelos más fogosos de Inglaterra. Ese 16 de septiembre de 2002, los dueños de casa, que habían deambulado por la segunda y hasta la tercera división antes de retornar al círculo de honor, y habían sufrido durante una década y media las ácidas bromas de sus rivales, abrieron el marcador a los 31 minutos gracias a un disparo de Clinton Morrison. Pero la gran revancha para "los azules" llegaría en la segunda mitad, a los 77: el lateral derecho de Aston Villa, el sueco Olof Mellberg, realizó un saque lateral hacia su arquero, el finlandés Peter Enckelman. El portero, tal vez confiado, quizá nervioso porque la igualdad no llegaba, intentó detener el balón con su pie izquierdo, pero el esférico se escurrió por debajo de su suela y terminó dentro del arco. Tras el partido, Enckelman aseguró no haber tocado la pelota —las imágenes de la televisión parecen darle la razón—, por lo que el referí David Elleray debió haber anulado el tanto y, como indica el reglamento —"si el balón entra en la meta del ejecutor directamente de un saque de banda, el árbitro deberá conceder un saque de esquina"— marcado un tiro desde el córner para el conjunto anfitrión. "Traté de controlar el balón, pero pasó por debajo de mi pie sin que yo lo tocara", explicó el finés, quien admitió que ése fue "el peor momento de mi carrera". La bizarra situación fue coronada por un hincha de Birmingham City, que saltó a la cancha —como en la mayoría de los campos de Europa, no había alambrada olímpica— para burlarse del infeliz arquero con gestos groseros y hasta una cachetada socarrona. Aston Villa perdió ese día 3-0, pero para Enckelman, al menos, hubo una pequeña revancha: el fanático que se había mofado de él, Michael Harper, fue condenado por un juez de Birmingham a cuatro meses de prisión y seis años sin poder acudir a un partido de fútbol. Peor es nada.

Luciano Wernicke

Ganar sin patear al arco rival

Los "autogoles" generan dos estados de ánimo opuestos: decepción-bronca en el equipo desfavorecido, entusiasmo-risa en la escuadra que recibe tan inesperado regalo. De hecho, se han registrado casos de equipos que han ganado un encuentro sin tirar una sola vez al arco rival, gentileza de un traspié del oponente. Uno de los más célebres de los últimos tiempos se produjo en la victoria de Granada CF sobre Real Madrid CF, por la Liga de primera división de España, en febrero de 2013. La escuadra andaluza se impuso 1-0 sin rematar a la valla "merengue", con un único tanto en contra marcado, vaya paradoja, por la gran estrella y máximo goleador de la institución capitalina: el portugués Cristian Ronaldo.

Expulsiones insólitas

De acuerdo con el reglamento aprobado por la International Board de la FIFA, existen siete circunstancias por las que un futbolista puede ser expulsado del partido: "Ser culpable de juego brusco grave; ser culpable de conducta violenta; escupir a un adversario o a cualquier otra persona; impedir con mano intencionada un gol o malograr una oportunidad manifiesta de gol (esto no vale para el guardameta dentro de su propia área penal); malograr la oportunidad manifiesta de gol de un adversario que se dirige hacia la meta del jugador mediante una infracción sancionable con un tiro libre o penal; emplear lenguaje ofensivo, grosero u obsceno y/o gestos de la misma naturaleza; recibir una segunda amonestación en el mismo partido". ¿En cuál de estos puntos se habrá basado el árbitro boliviano Ignacio Salvatierra para expulsar en forma directa al delantero Abel Vaca Saucedo? En octubre de 1996, Vaca Saucedo, del equipo Germán Pommier, de la ciudad amazónica de Trinidad —situada a 390 kilómetros al noreste de La Paz—, hizo un lujoso gol que incluyó varias gambetas y una magistral definición de rabona. Cuando el habilidoso atacante terminó de celebrar, Salvatierra se le acercó y, en lugar de felicitarlo, le mostró la tarjeta roja. Según el referí, el hábil Vaca Saucedo "había humillado" a sus rivales con tan aparatosa conquista. En definitiva, lo echó "por habilidoso". Cuando el pobre pibe pidió explicaciones por tan inaudita injusticia, el hombre de negro, encima, montó en cólera: no sólo le recriminó duramente el trato hacia los integrantes del equipo rival, Jaille, sino que le reclamó que tomara "con más seriedad la práctica deportiva".

Otro que sigue sin comprender cómo fue expulsado es el checo David Zoubek. El 7 de mayo de 2000, el referí Karel Krula le mostró la cartulina colorada... ¡porque se le había desprendido el número de la espalda! El problema comenzó cuando Zoubek, de FC Hradec Králové, sustituyó a un compañero en un partido ante Bohemians de Praga por la primera división checa. Apenas pisó el césped, Krula le indicó al delantero que se le había despegado uno de los "1" de su "11". Para tratar de sortear el problema, el atacante regresó al banco y su entrenador intentó reparar la contrariedad con un trozo de cinta adhesiva. Pero, a los pocos minutos, el número estaba de nuevo por el piso, por lo que Krula, sin dudas un hombre de poca paciencia, sacó su tarjeta roja y echó al sorprendido Zoubek, quien seguramente se acordó de todos los familiares del referí y, también, de los del utilero de su club.

Regreso del infierno

¿Qué otra cosa se puede decir del delantero inglés de Stoke City FC Jonathan "Jon" Walters? El sábado 12 de enero de 2013, Walters vivió una pesadilla ante Chelsea FC: En apenas 90 minutos, ¡marcó dos goles en contra y erró un penal! Con tanta ayuda (involuntaria), el equipo londinense no tuvo ningún problema para imponerse por 0-4. Pero el fútbol —afirma uno de los axiomas tribuneros— siempre da revancha y el infausto goleador la tuvo: tres días más tarde, por la cuarta ronda de la F.A. Cup, Stoke derrotó a Crystal Palace FC 4 a 1. Los primeros 90 minutos de este encuentro —que, al igual que el duelo con Chelsea, se disputó en el estadio Britannia— habían finalizado 1-1. En el tiempo extra, Walters marcó dos tantos que sellaron la victoria local y disiparon los negros nubarrones del fin de semana.

Gallinas

El 20 de mayo de 1966, en el estadio Nacional de Santiago de Chile, el club argentino River Plate derrotaba por 2 a 0 a su par uruguayo Peñarol en el partido desempate de la final de la Copa Libertadores. River no sólo doblegaba a su rival en el marcador: los futbolistas aurinegros estaban perdidos dentro de la cancha y poco podían hacer para contener los constantes embates de sus oponentes rioplatenses. Sin embargo, a mitad de la segunda etapa, la actitud de los orientales cambio radicalmente luego de que el arquero argentino Amadeo Carrizo parara con su pecho un cabezazo del delantero peruano Juan Joya. "Eso no les ha gustado a los jugadores de Peñarol", destacó el periodista que relataba el partido en directo para Argentina. En efecto, luego de la fanfarronada del portero riverplatense, Peñarol igualó el marcador con un gol del ecuatoriano Alberto Spencer y otro de Julio César Abbadie —aunque esta segunda conquista podría adjudicarse "en contra" del uruguayo "millonario" Roberto Matosas, quien desvió el disparo de Abbadie y descolocó a Carrizo—. En el alargue, el equipo uruguayo noqueó a su oponente con un segundo tanto de Spencer y uno de Pedro Rocha. Peñarol levantó el trofeo continental y dio la vuelta olímpica mientras los jugadores de River dejaban la cancha cabizbajos, lamentándose la oportunidad perdida de ser campeones de América. Uno de los hombres de la banda roja, Ermindo Onega, aseguró años después que "fue increíble" cómo se les escapó el título. "Cuando nos hicieron el tercer gol, Abbadie me dijo: "Solamente ustedes pierden un partido así". Onega lamentó que, además de quedar fuera del bronce histórico, dilapidaron "un mes de vacaciones en la Costa Azul francesa, que (el entonces presidente de River, Antonio) Liberti nos había prometido si ganábamos". El técnico "millonario", Renato Cesarini, afirmó que "a mí me traicionaron" y, si bien nunca reveló los nombres de quienes, según sus sospechas, habrían "jugado para atrás" y lo habían "vendido", dio a entender que se trató de los dos uruguayos de su plantel, Matosas y Luis Cubilla. Cesarini —quien se llevó sus sospechas o certezas a la tumba— también fue muy cuestionado por haber reemplazado al lateral derecho Alberto Sainz, quien se había lesionado, por el delantero Juan Carlos Lallana, hecho que obligó a una restructuración táctica de todo el equipo. En tanto, Néstor "Tito" Gonçalves, un bravísimo mediocampista carbonero, proclamó en una entrevista concedida a la revista argentina "El Gráfico" que "el cambio lo produjimos nosotros al comenzar el segundo tiempo. Nos estaban ganando con mucha comodidad y a aquel River era muy difícil sacarle la pelota. Por eso pensamos que, más que cambios tácticos, lo que necesitábamos era cambiar el clima del partido para salvar la vergüenza. Entramos desesperados y echamos mano a recursos ilícitos. Eso es cierto. Les hablábamos y hasta llegamos a decirles que, si ganaban, íbamos a ir a buscarlos al vestuario y al hotel. Las cosas se dieron de tal manera que era un clima de guerra del cual sacamos una gran ventaja, ante la pasividad de River. La diferencia temperamental la noté al día siguiente en la cafetería del aeropuerto cuando nos cruzamos los dos equipos. Uno de los nuestros fue a hablar por los altavoces y preguntó: '¿Quién es el papá de River?', y otra voz contestó: '¡Peñarol!'. Eso se escuchó en todo el aeropuerto y la risa fue incontenible de todos los presentes. Nos queríamos morir, bajamos las cabezas de la vergüenza. Si eso pasaba al revés, todavía estábamos a las trompadas. Nosotros no íbamos a aceptar semejante cachada que ellos si aceptaron sin chistar".

River volvió a su país y una semana después enfrentó como visitante al Club Atlético Banfield, por el torneo de primera división argentino. Durante el segundo tiempo de ese partido, la hinchada local lanzó al área que custodiaba el reemplazante de Carrizo, Hugo Gatti, una gallina blanca con una franja roja pintada sobre su plumaje. La parcialidad del "taladro" pretendía burlarse, de esa forma, de la supuesta cobardía exhibida por los jugadores de River ante Peñarol. El ave, visiblemente asustada, salió corriendo por el césped y cruzó toda la cancha. La travesura no sólo provocó las carcajadas de los hinchas banfileños sino que fue destacada por todos los diarios al día siguiente. El nuevo apodo, surgido ese 29 de mayo de 1966, perdura hasta hoy. Pero, medio siglo después de ese episodio, el despectivo mote se ha reinventado. En la actualidad, son los mismos simpatizantes riverplatenses los que se identifican a sí mismos con las plumas. Cada jornada de fútbol, en el estadio "Monumental" se puede escuchar cómo la hinchada rojiblanca anuncia que va a al estadio "a alentar a las gallinas".

El descuido

El arquero galés de Leeds United AFC, Gary Sprake, descolgó el centro enviado desde la esquina e intentó lanzar rápidamente el balón, con su mano derecha, hacia su compañero Terry Cooper, para iniciar un eficaz contragolpe. Pero, cuando ya había iniciado el movimiento para pasar la pelota, el portero notó que Cooper era marcado por el extremo izquierdo de Liverpool FC Ian Callaghan. Sprake intentó, a la desesperada, frenar el envío, mas su esfuerzo fue inútil: al plegar el brazo, la pelota se le escapó de la mano, hacia atrás, y terminó... ¡dentro de su arco! Un gol en contra insólito que provocó carcajadas a los 40 mil hinchas "rojos" que, esa tarde de diciembre de 1967, colmaban Anfield Road. Ese tanto, marcado a los 44 minutos, cerró la primera mitad con un 2-0 para la escuadra local. En el entretiempo, mientras el entrenador Don Revie y el resto de los jugadores de Leeds intentaban calmar al desconsolado Sprake, el cruel encargado de la locución y el sonido del estadio hizo sonar, desde su tocadiscos, la canción "Careless hands" ("Manos descuidadas") de Des O'Connor. Desde entonces, cada vez que el galés salió a la cancha —las siguientes seis temporadas con Leeds y otras dos con Birmingham City FC—, las hinchadas rivales lo recibieron entonando las estrofas de "Careless hands".

El acuerdo

La noche del 5 de abril de 1991, el estadio "Camilo Cichero" (antiguo nombre de "La Bombonera" del club argentino Boca Juniors) fue escenario de una parodia que tuvo más de teatro que de fútbol. El equipo "xeneize" enfrentó ese día al Club Deportivo Oriente Petrolero de Bolivia. Una igualdad clasificaba a las dos instituciones junto con Bolívar, puntero del cuarteto, en desmedro de River Plate, el último del grupo 1 de la ronda inicial de la Copa Libertadores, que ya había disputado todos sus compromisos. En ese tiempo, pasaban a la siguiente fase los tres mejores de cada zona. Apenas el árbitro uruguayo Ernesto Filippi pitó el inicio de la supuesta contienda, los 22 futbolistas comenzaron a pasarse el balón de un lado al otro, sin llegar a ninguna de las áreas, en un evidente pacto que conformaba a todos los protagonistas y también a los hinchas de Boca. La parcialidad local celebró con un "ole" o aplausos cada pelota pasada por los defensores rivales a su arquero, Darío Rojas. El único que se atrevió a desobedecer el insólito pacto fue Diego Latorre, quien ingresó como suplente a los 15 minutos del complemento: en cuanto capturó el balón, se acercó al área boliviana y sacó un disparo que inquietó a Rojas, aunque no llegó al gol. La osadía del actual periodista fue castigada por una multitudinaria rechifla. Los últimos minutos del "duelo" fueron la nada misma. El relator Víctor Hugo Morales, indignado, dejó la transmisión ante la evidente falta de compromiso con el espectáculo. Cuando Filippi dio por terminada la farsa, la hinchada "xeneize" celebró la eliminación de su clásico oponente como si el equipo hubiera ganado el Mundial de Clubes. Entrevistado en el programa "Gente de Fútbol" del canal boliviano Activa TV, el delantero Francisco Takeo, quien aquel día estuvo sentado en el banco de suplentes, reveló que "'El Abuelo', que entonces era el jefe de la barra brava de Boca, entró en el camarín nuestro antes del partido y nos dijo: 'Bolitas, ya está todo hablado con los jugadores de Boca. El partido tiene que terminar empatado para dejar afuera de la Copa a las 'gallinas' (por River Plate), así que no se hagan los distraídos porque no salen vivos de acá". El referí Filippi, irritado por lo que había tenido que sobrellevar, presentó un informe a la CONMEBOL por "falta de esfuerzo" de los protagonistas. El papel debe seguir archivado entre los "objetos perdidos".

¿Para qué viniste?

En 1884, se puso en juego por primera vez la Football Association Amateur Cup (Copa Amateur de la Asociación de Fútbol), un certamen que no permitía la participación de clubes o futbolistas profesionales y que convocó, en general, equipos de escuelas secundarias o universidades. A su primera final llegaron Old Carthusians Football Club —un equipo conformado por estudiantes del Charterhouse School del condado de Surrey— y Casuals Football Club, que era integrado mayormente por muchachos de dos colegios de Londres: Eton y Westminster. Old Carthusians arribó al match culminante tras derrotar en semifinales a Bishop Auckland 5-1, mientras que Casuals había vencido 1-0 a Sherwood Foresters.

El 7 de abril, en el Richmond Athletic Ground, los dos equipos se presentaron puntualmente para iniciar el duelo, pero uno de ellos, Casuals, sólo tenía diez hombres: el que faltaba, Lewis Vaughan Lodge, había perdido su tren desde a capital inglesa, distante a unos diez kilómetros. El árbitro tuvo la amabilidad de esperar 20 minutos, pero como Lodge no aparecía y los 3.500 espectadores se impacientaban, ordenó el inicio del match. A pesar de la desventaja, fue Casuals el que abrió el marcador, por intermedio de su "fullback", Charles Hatton, a los 9 minutos. Poco después, Lodge apareció, se cambió e ingresó a la cancha para completar su equipo, que continuaba al frente. Tal vez porque estaba frío, posiblemente alterado por su impuntualidad, la primera pelota que tocó Lodge terminó dentro del arco... de Casuals. Old Carthusians se impuso finalmente 2-1 y se consagró como el primer campeón de la F.A. Amateur Cup. Los compañeros de Lodge, en tanto, se ducharon, cambiaron y enfriaron sus cabezas antes de preguntarle al demorado futbolista "¿por qué demonios no te quedaste en casa?".

Éxtasis

"Los actos extravagantes de júbilo no deben ser sentenciados como corrupción de nuestro deporte. ¿No es justamente la alegría ante el gol obtenido, el júbilo incontenible por la victoria, la emoción exuberante (la cual, gran parte de los seres de nuestra época sólo es capaz de expresar en los estadios) que aportan la mayor parte del éxito mundial del fútbol? La alegría del goleador es uno de los aspectos más naturales del deporte, una culminación repetitiva para cada futbolista, un clímax emocional que puede gozar sólo si lo puede compartir con los espectadores. Las emociones positivas como júbilo espontáneo no deben ser deslustradas con un acto de punición. Sancionar el entusiasmo con tarjetas amarillas no corresponde al espíritu de nuestro juego. Los goles deben ser festejados como vienen. Continuemos regocijándonos libremente por la alegría en los goles y por el placer en el fútbol". Seguramente, si se le pregunta al lector quién ha sido el autor de estas declaraciones, no acertará el nombre correcto aunque cuente con decenas de oportunidades para responder. Estos conceptos corresponden al presidente de la FIFA, Joseph Blatter, y fueron publicadas en la revista FifaMagazine de diciembre de 1984, cuando el suizo ocupaba la secretaría general de la entidad rectora del fútbol. Años después, estas declaraciones son una curiosidad en sí mismas, porque es exactamente la FIFA la que ha puesto límites a esos mismos "actos extravagantes" ponderados por Blatter. La regla 12 del código futbolero, referida a "faltas e incorrecciones", advierte que "por más que esté permitido que un jugador exprese su alegría cuando marca un gol, la celebración no deberá ser excesiva. Se permiten celebraciones razonables. Sin embargo, no se deberá alentar la práctica de celebraciones coreografiadas si éstas ocasionan una pérdida de tiempo excesiva. En dicho caso, los árbitros deberán intervenir. Se deberá amonestar a un jugador si en opinión del árbitro, hace gestos provocadores, irrisorios o exaltados; se trepa a las vallas periféricas para celebrar un gol; se quita la camiseta por encima de su cabeza, o se cubre la cabeza con la camiseta; se cubre la cabeza o cara con una máscara o artículos similares". Se aclara que "el hecho de salir del campo para celebrar un gol no es en sí una infracción sancionable con amonestación, pero es esencial que los jugadores regresen al terreno de juego tan pronto como sea posible. Se pretende que los árbitros actúen de forma preventiva y utilicen el sentido común al encarar las celebraciones de gol". Estas normas son generalmente acatadas. Pero, siempre hay algún vivaracho que, sobrepasado por el éxtasis, desencadena su frenesí sin pensar en las consecuencias.

Genoa CFC, el equipo ligur azul y rojo, luchaba por el ascenso a la Serie A italiana, y en casa, frente a Atalanta de Bergamo, uno de los punteros del campeonato de Segunda División, había que ganar o ganar esa tarde del 28 de abril de 2000. El choque, cargado de roces, nervios y pierna fuerte, se acababa igualado en un tanto, hasta que el veloz y rubio delantero Davide Nicola trazó una diagonal fulminante que definió con maestría ante la salida estéril del arquero visitante Alberto Fontana. Mientras el estadio Luigi Ferraris explotaba de júbilo, el goleador extendió su alocada carrera hasta un costado del campo, donde estaba sentado un grupo de policías, y se arrojó sobre una bella agente del orden, a quien besó vehementemente en la boca. Era —reconoció luego el codiciado futbolista— una "amiga" que había "caído en su red" de hábil pescador de ninfas. Nicola no fue castigado por tan apasionado festejo, pero quien sí vio la tarjeta roja fue la chica: su esposo, que miraba el partido "en directo" por televisión, la llamó de inmediato al celular y la expulsó del terreno conyugal. Por lo visto, el despechado marido no se había enterado de las recomendaciones de Blatter.

Fuerza mayor

Al club colombiano Once Caldas se lo conoce como "El blanco blanco" o "el equipo albo" por su uniforme tradicional. Por eso, fue una suerte para Jhon Viáfara que, para la primera final de la Copa Libertadores de 2004 ante Boca Juniors, jugada en "La Bombonera" de Buenos Aires el 23 de junio, la escuadra de Manizales hubiera elegido una vestimenta alternativa. Apenas sonó el silbato que dio comienzo al juego, Viáfara comenzó a sentir un malestar intestinal que, con el correr de los minutos, se volvió intolerable. "Deben ser las bebidas energéticas", pensó el mediocampista, que pidió al árbitro uruguayo Gustavo Méndez que detuviera el juego y le permitiera descomprimir su dolencia en el vestuario. Mas el juez se negó: esa licencia sólo está contemplada para el arquero. Viáfara no quería salir y dejar su equipo varios minutos con un hombre menos, en el encuentro más importante de su historia. Por ello, a los 30 minutos, decidió descargar sus tripas... ¡de pie y en medio del trascendental duelo! Fue una suerte para Jhon Viáfara que, esa noche, Once Caldas haya salido a la cancha con un conjunto completamente negro. Ni el implacable ojo de la televisión ni los hinchas notaron alguna anormalidad en el volante. Los que sí notaron que algo infrecuente ocurría fueron los jugadores locales, que debieron contener la respiración cada vez que les tocó marcar al aromático rival. En el entretiempo, el colombiano se quitó el problema —y la ropa original— de encima y su trabajo fue fundamental para que ese match terminara sin goles. Ocho días después, Viáfara abrió el marcador de la revancha, que terminó 1 a 1 y le permitió al club de Manizales obtener su primer título continental a través de una definición por penales. Esa gloriosa jornada, Once Caldas sí lució su característico uniforme blanco, pero al goleador no le importó: su problema había quedado atrás.

Epidemia

CA Platense había sido imparable. El equipo "marrón" le había dado un tremendo baile a CA Estudiantes, en su cancha de La Plata, durante el primer tiempo del encuentro disputado el 10 de mayo de 1942 por el certamen de primera división de Argentina. El club visitante se había ido a descansar con un inapelable 0-3 a favor que había espantado del estadio a gran parte de los hinchas del "León". Durante el descanso, los jugadores visitantes brindaron por su notable rendimiento con mate cocido, una infusión muy popular en Argentina. Sólo que esta vez, en lugar de la yerba tradicional, que no pudo conseguirse, se utilizó una de origen brasileño para preparar la bebida. Al retornar al césped, los muchachos de Platense sintieron una inmediata descompostura intestinal que destruyó su resistencia. Con excepción de José Roberto Toledo, quien se había abstenido de beber el mate, diez "calamares" apenas si podían sostenerse en pie. Sin posibilidad de realizar cambios, no permitidos aún por el reglamento, el buen juego de Platense se diluyó y Estudiantes se impuso por un sorprendente 7 a 3. Aunque el pitazo final sonó a las 17, el micro con los futbolistas derrotados recién pudo salir a las 20: los inodoros del vestuario habían sido harto insuficientes. Los casi 60 kilómetros desde La Plata a la ciudad de Buenos Aires fueron interminables. El ómnibus debió efectuar varias paradas "técnicas" en bares linderos al camino. El mate cocido no volvió a prepararse para el entretiempo "calamar".

El 11 de octubre de 1992, la selección de Etiopía llegó la ciudad de Casablanca con grandes esperanzas de obtener un buen resultado ante Marruecos, en el partido inaugural de la clasificación africana para el Mundial de Estados Unidos de 1994. Pero, con el correr de los minutos, la escuadra visitante comenzó a perder jugadores, afectados por una brutal diarrea que habría sido generada por un almuerzo con alimentos en mal estado. El técnico se vio obligado a realizar los dos cambios permitidos en muy pocos minutos, mas la epidemia prosiguió y los "waliya boyz" siguieron cayendo como moscas. El partido fue suspendido a los 55 minutos, con el marcador 5-0 y sólo seis etíopes en la cancha. El resto de los muchachos se peleaba por ocupar uno de los tronos del camarín.

Otra complicación alimentaria —en este caso, por pescado putrefacto— diezmó a Stoke City FC cuando se presentó en el estadio Anfield Road de Liverpool FC, el 4 de enero de 1902, para protagonizar un partido de primera división. Stoke terminó el juego con sólo siete jugadores en la cancha y un 7-0 adverso en el marcador. El gran beneficiado de la tarde fue Andy McGuigan, quien se aprovechó de la desgracia ajena para convertirse en el primer futbolista de Liverpool en anotar cinco goles en un solo match.

CA Ciclón, de la ciudad boliviana de Tarija, directamente no se presentó a enfrentar a Atlético Pompeya en el estadio Yoyo Zambrano de Trinidad, por la semifinal de la Copa Simón Bolívar de 1999 que otorgaba el ascenso a primera división. Todos los futbolistas de Ciclón habían quedado perturbados por una aguda diarrea general.

En este caso, los dirigentes de Ciclón denunciaron a la prensa que sospechaban de alguna maniobra perpetrada por "gente vinculada" a la institución rival. Atlético Pompeya pasó de ronda y luego ascendió al vencer a Mariscal Braun.

La ayuda

La intención del árbitro Thomas Essbach, de la desaparecida República Democrática Alemana, no era mala. La situación del jugador Carsten Saenger —18 veces integrante de la selección del ex Estado socialista— le daba pena: llevaba casi una hora y no podía cumplir con el control antidóping porque el pis no venía. Saenger tomaba agua a mares, pero la deshidratación sufrida durante el encuentro por la liga local no aflojaba. "A ver, pibe, yo te ayudo", le dijo cómplice Essbach, y llenó el tarrito por el "seco" futbolista mientras los responsables de la prueba miraban para otro lado. La trapisonda saltó dos días después, cuando la muestra de orina dio "positivo". El referí había olvidado que se había tratado contra un resfrío con un medicamento que contenía sustancias que figuraban en la lista de productos prohibidos por la FIFA. Saenger y Essbach admitieron finalmente la travesura y ambos fueron sancionados. El saber popular afirma que, a veces, "es peor el remedio que la enfermedad".

El sorteo

El 7 de mayo de 1961, en el estadio Nemesio Camacho "El Campín" de Bogotá, un solitario gol en contra del zaguero visitante Óscar Claure Méndez —como se indicó en la historia anterior— equilibró los cuartos de final de la Copa Libertadores entre el Club Independiente Santa Fe de Colombia y el Club Deportivo Jorge Wilstermann de Bolivia. Luego de un 3 a 2 en el coliseo "Félix Capriles" de Cochabamba a la ida y el estrecho 1 a 0 en la capital colombiana, el duelo quedó igualado en puntos y diferencia de goles (no se tuvo en cuenta si fueron marcados como "local" o "visitante"). Como en esos tiempos no se había oficializado todavía la incorporación de la serie de disparos desde el punto del penal como desequilibrante, el reglamento contemplaba que la contienda debía resolverse con un tercer partido. En un primer momento, los directivos de los dos equipos pactaron disputar ese encuentro en "El Campín" el domingo siguiente, 14 de mayo. Pero, según informó el diario "El Tiempo" de Bogotá en su edición del martes 9 de mayo de 1961, los representantes del equipo boliviano dieron marcha atrás con el acuerdo porque con la estadía de una semana en la capital cafetera "perdían diez mil dólares". Para resolver la controversia, los dirigentes de ambas escuadras acordaron realizar un sorteo en la sede de la ADEFUTBOL (denominación que tenía en ese tiempo la Federación Colombiana de Fútbol), que destrababa la paridad sin necesidad de jugar. "Dos papeletas fueron dispuestas para decidir el equipo que continuaría en el Campeonato de Campeones de América. La del Wilstermann, firmada por Jorge Rojas, y la de Santa Fe, por Jorge Ferro. Para sacar la papeleta, en medio de la expectativa de quienes seguían el proceso, fue encargado a Jorge Garcés, ex miembro de la ADEFUTBOL. La primera que fuera sacada indicaba el equipo que quedaría eliminado. Sacada la papeleta, le correspondió a Eduardo de Castro leer el nombre del Jorge Wilstermann para anunciar su eliminación. Así pues, tres Jorges tomaron parte en la eliminación de un cuarto Jorge, Wilstermann", relató "El Tiempo". La delegación aviadora aceptó el resultado y regresó a Cochabamba. Sin embargo, un par de décadas más tarde, Jorge Rojas Tardío, quien había sido presidente de Wilstermann cuando se jugó esa llave, denunció que "el sorteo fue un fraude. Después de muchos años nos enteramos de que la decisión de la CONMEBOL era eliminar a Wilstermann y clasificar a Santa Fe a las semifinales". Rojas Tardío aseveró que "los dos papelitos que estaban en el sombrero el día del sorteo tenían el nombre de Wilstermann" y que "el árbitro de ese partido (el argentino Luis Ventre) nos confesó que había sido obligado a proceder de esa forma" y avalar el supuesto fraude. Lo cierto fue que, con trampa o sin ella, "Los Cardenales" pasaron a las semifinales, instancia en la que fueron eliminados por la Sociedade Esportiva Palmeiras de Brasil, tras un empate 2-2 en Bogotá y un inapelable 4 a 1 en el estadio municipal "Paulo Machado de Carvalho" de San Pablo, también reconocido como "Pacaembú". Si don "Tardío" se hubiera llamado "Rápido" o "Ágil", tal vez hubiera denunciado la presunta estafa a tiempo y otra habría sido la historia.

¿A cuántos expulsé?

El árbitro brasileño Francisco Lima contaba: uno, dos, tres, cuatro, cinco, seis... El cálculo no cerraba. Había sacado cuatro tarjetas rojas, pero el club Naútico —que el 15 de abril de 2003 había arrancado con once su duelo con Rio Negro, por la liga del norteño estado de Roraima— apenas sumaba seis futbolistas. ¿Dónde estaba el séptimo? Rio Negro ganaba 5-0 cuando, a los 72 minutos, Lima sacó su cuarto acrílico bermellón, todos para hombres de Naútico. Segundos antes de retomar las acciones en el estadio Flamarion Vasconcelos, al referí le pareció que algo no andaba bien, y decidió verificar cuántos muchachos quedaban con camiseta a rayas negras y rojas, idéntica a la del equipo italiano Associazione Calcio Milan. Así, advirtió que un jugador había desaparecido sin que él ni sus auxiliares lo advirtieran. Lima llamó al capitán de Naútico y, como éste tampoco sabía dónde estaba su compañero, dio por finalizada la velada. "Fue su único acierto del día", murmuró uno de los muchachos del equipo goleado.

El gran escape

Podría decirse que la actuación del equipo italiano Rimini Calcio FC fue heroica. Con tres jugadores menos, todos expulsados, logró un valioso 1-1 en casa, el estadio Romeo Neri, ante Castel San Pietro Terme Calcio, por la Lega Pro Seconda Divisione de la Serie C. Sin embargo, a pesar de la épica gesta que sus hombres lograron ese 26 de abril de 1998, el ánimo de los "tifosi" hervía. Culpaban al árbitro Antonio Manari de haberles quitado, con sus injustas tarjetas rojas, lo que, antes del match, parecía un triunfo indiscutible ante un débil rival. Con el pitazo final, los hinchas saltaron a la cancha y corrieron a Manari para "ammazzarlo" por su supuesta actuación deshonesta. El referí se refugió en su vestuario y poco faltó para que los fanáticos lo desollaran vivo. La policía intervino y pudo despejar el campo y la zona de los vestidores, mas cientos de rabiosas personas permanecieron fuera del coliseo profiriendo gritos amenazantes y lanzando piedras y otros proyectiles. Como no había salida posible —ni segura— por tierra, la policía local pidió asistencia a la Guardia di Finanza, un cuerpo especial de seguridad dependiente de los ministerios de Economía y del Interior. Este organismo envió una fuerza especial y dispuso que un helicóptero aterrizara en la cancha para evacuar al árbitro y a sus colaboradores. Manari pudo así regresar a salvo a Teramo, su ciudad. Nunca volvió a Rimini.

El abrazo partido

En enero de 1989, el campeón venezolano Club Sport Marítimo igualaba como local 1-1 con Arroceros de Calabozo FC, en ese momento el conjunto más modesto de la primera división de la nación caribeña. Cuando el match parecía consumirse en tablas, el delantero brasileño Edilberto consiguió el tanto que le otorgó el triunfo a Marítimo. La conquista desató la euforia de Edilberto, quien, feliz con su puntería, se abrazó con el primero que se cruzó en su alocada carrera. Y el primero fue, vaya destino, el árbitro Antonio López. Cuando se recuperó de la inesperada muestra de afecto, el referí extrajo su tarjeta roja y echó al cariñoso goleador. Un insensible, don López.

Exhibicionistas

Para algunos casos, las amonestaciones y expulsiones se quedan cortas, y, más que enviarlos a las duchas, a los efusivos celebradores habría que conseguirles una cita con el psicólogo. En diciembre de 1995, en el departamento paraguayo de Guairá, el centrodelantero de la selección de Villarrica, Carlos Román, no encontró mejor forma para festejar su gol que bajarse los pantalones hasta las rodillas. "No sé qué me pasó. Eludí al arquero, entré al arco con la pelota en mis pies y me emocioné", intentó explicar el desenfadado atacante, que fue expulsado inmediatamente. A pesar de continuar con diez hombres la mayor parte del encuentro —Román fue echado a los 38 minutos de la primera parte—, el combinado de Villarrica superó al representativo de San José por 3 a 0.

Más que la derrota, a los aficionados de FC Mragovia, equipo de una liga regional polaca, les cayó muy mal que el goleador de LKS Reduta Bisztynek, Zbigniew Romanowski, mostrara el pene después de cada conquista. Al día siguiente del partido —que se jugó en abril de 1998—, los ofendidos hinchas enviaron una carta de protesta al periódico "Gazeta Olsztynska" porque debieron tolerar las groserías de Romanowski y la complacencia del árbitro, que no sancionó al maleducado delantero.

En abril del 2000, un futbolista iraní fue suspendido "de por vida" por una corte de ese país islámico por bajarse los pantalones y dar una "vuelta olímpica en calzoncillos" mientras gritaba su gol. Mohsen Rassuli, joven atacante del club Saypa FC de Teherán, marcó en el minuto 119 el tanto que le dio la victoria a su equipo en las semifinales de la Copa de Irán, frente al PAS FC, su rival tradicional. La exagerada muestra de exaltación no sólo fue vista por la multitud que colmaba el estadio: el match era transmitido en directo por la televisión estatal, que generalmente corta este tipo de escenas en partidos internacionales. El caso de Rassuli fue considerado de tal gravedad que fue trasladado directamente a la justicia nacional antes de ser evaluado por el Comité Disciplinario de la Federación Iraní de Fútbol. A la dura pena se le añadió una multa equivalente a 33 mil dólares, que el deportista pagó mitad en efectivo y mitad en cuotas.

Muchos goleadores suelen quitarse la camiseta y revolearla sobre sus cabezas para celebrar una importante conquista, aunque el desborde cueste una amarilla. En abril de 2001, el brasileño William, del club Ponta Porã Sociedade Esportiva de Mato Grosso, se sumó a la moda del "helicóptero" después de abrir el marcador ante Nova Andradina FC, pero decoró el popular festejo con un original toque: en lugar de utilizar como "aspas" su remera, empleó su pantalón. William fue echado al instante, su diezmado equipo finalmente perdió y, para empeorar el cuadro, la policía se llevó preso al atrevido goleador por "exhibición obscena" y "molestia pública". No obstante, como "no hay mal que por bien no venga", entre tanta adversidad surgió un fresco aire de revancha cuando el eufórico William fue contratado para participar en... ¡una publicidad de ropa interior!

Expulsado por su capitán

El 18 de octubre de 1914 hizo su presentación como titular en el primer equipo de Boca Juniors el delantero Francisco Fuentes, hasta ese momento un abonado a observar los partidos desde la tribuna —por ese entonces no se permitían los cambios ni se habían incorporado los bancos de suplentes—. Boca recibía esa tarde en su cancha de la localidad de Wilde, antecesora de la famosa Bombonera, al club Comercio. Fuentes, deseoso de ganarse un puesto entre los titulares a cualquier precio, decidió incurrir en todo tipo de estratagemas agresivas para superar a sus rivales. Más que a jugar al fútbol, el fornido atacante se dedicó a arremeter con violencia contra sus adversarios, tuvieran o no el balón en su poder, y a golpearlos con sus puños y codos cuando el árbitro del encuentro le daba la espalda. Pero, contrariamente a lo que Fuentes esperaba, su metodología causó una desagradable impresión a los simpatizantes xeneizes, a tal punto que el futbolista llegó a abandonar el partido para pelearse con los espectadores que reprobaban su actitud. Afortunadamente, varios miembros de la comisión directiva del cuadro local intervinieron a tiempo para obligar al debutante a desistir de su propósito y volver al match. Tal fue el bochorno que Donato Abbatángelo, capitán del conjunto local, decidió "tomar el toro por las astas", y expulsó del terreno al belicoso Fuentes, su propio compañero. La escuadra auriazul continuó las acciones con diez hombres, hecho que no le impidió triunfar, finalmente, por uno a cero, gracias al gol señalado por Francisco Taggino a los 73 minutos.

Zapatos

Los botines traídos especialmente desde Italia quedaban perfectos en los pies del delantero del Liverpool Michael Owen. La joven estrella del equipo inglés estaba encantada con sus nuevos zapatos, cómodos, mullidos, que la empresa de calzado deportivo que lo contrataba como "modelo" le había entregado para utilizar ante el Arsenal, en la final de la Copa de Inglaterra de 2001. Sin embargo, cuando el entrenador de la escuadra roja, el francés Gerard Houllier, vio a Owen con su flamante calzado dentro del vestuario del estadio Millennium de Cardiff, le ordenó que de inmediato se lo quitara, y que se colocara sus antiguos botines. "Usá los viejos —le exigió Houiller—, son los que te han ayudado a marcar todos tus goles". El delantero, que había anotado seis tantos en los tres partidos previos, creyó que el técnico bromeaba. Sin embargo, Houiller fue terminante: si no obedecía, luciría sus nuevos zapatos sentado en el banco. Michael finalmente aceptó y se colocó sus antiguos y gastados botines. El destino le dio la razón al francés: Liverpool derrotó ese 12 de mayo al Arsenal por dos a uno, con dos goles de Owen. Al regresar al vestuario, con su medalla de campeón colgando de su cuello, el goleador se fundió en un abrazo con el entrenador, que lo felicitó por su actuación, pero más por haber obedecido la orden de usar los mágicos "botines de la suerte". Los que no estaban felices del todo eran los responsables de la empresa de calzado deportivo. No sabían qué hacer con los miles de pares de zapatos del modelo que el delantero nunca usó, y que pensaban lanzar al mercado al día siguiente de la rutilante final.

El delantero de Dios

Cuando el tricampeón de la Copa Libertadores salió al césped de su tradicional estadio Jorge Luis Hirschi, situado en la ciudad de La Plata, ni los jugadores ni los hinchas presentían, siquiera ligeramente, que el invicto que Estudiantes detentaba en ese coliseo en el torneo sudamericano podía caer ese día, 29 de abril de 1971, ante el supuestamente flojito Barcelona Sporting Club de Ecuador. Motivos para tenerse fe no faltaban: en esa cancha, hoy demolida, Estudiantes había hilvanado once partidos sin caídas ante escuadras durísimas como las argentinas River, Racing e Independiente, las uruguayas Peñarol y Nacional o la brasileña Palmeiras. Además, porque el conjunto "Pincharrata" había vencido pocos días antes a Barcelona en Guayaquil, 1 a 0 con un gol de Juan Echecopar. Sin embargo, en el fútbol suelen ocurrir milagros. En este caso, podría decirse que literalmente, porque Barcelona se impuso por la mínima diferencia gracias a una conquista de Juan Manuel Bazurko, un vasco que, además de futbolista, era... ¡sacerdote!

Bazurko —nacido en Mutriku en 1944 y ex jugador de CD Motrico— se consagró como sacerdote católico a fines de los '60s y en 1969 fue enviado a la parroquia de San Camilo de Quevedo, en la provincia de Los Ríos de Ecuador. Allí, mientras se ocupaba de la iglesia de San Cristóbal, Bazurko prosiguió con su pasión futbolera. Los sábados, el cura se destacaba como un goleador veloz y potente, dueño de un cabezazo letal, en los campeonatos regionales. Primero, en 1969, rompió redes para el Club Deportivo San Camilo; luego, en 1970, prosiguió con la camiseta de Liga Deportiva Universitaria de Portoviejo. Su efectividad despertó el interés de Barcelona, que se había clasificado para la Libertadores de 1971 como campeón nacional de la temporada anterior. Autorizado por el obispado, el insólito delantero —que se había comprometido a donar su salario como jugador a la parroquia de San Camilo— mudó sus goles a Guayaquil. Si bien su entrenador, el brasileño Otto Viera, no le tenía gran aprecio, lo puso como titular ante el tricampeón Estudiantes. Tal vez por designio divino, el sacerdote fue el autor del único gol del partido, a los 63 minutos.

La carrera del cura Bazurko no se prolongó mucho más. Tras la eliminación en las semifinales de la Libertadores, a pesar de la resonante victoria ante el monarca continental, y de haber ganado el campeonato ecuatoriano de primera división, el sacerdote colgó los botines y cambió la camiseta y el pantaloncito por la sotana, aunque no definitivamente: a los pocos años, retornó al País Vasco, dejó el hábito, se casó y tuvo dos hijos. Pero siempre será recordado por su milagro obrado en el "templo pincharrata".

La sentencia

Los iraníes Mohammad Nosrati y Sheys Rezaei fueron dos tipos audaces. El 29 de octubre de 2011, luego de que Vashid Hashemian abriera el marcador para Persepolis FC ante Damash Gilan, su rival en la Copa del Golfo Pérsico, Nosrati no tuvo mejor idea que acercarse al ramillete de abrazos que habían formado sus compañeros y pellizcarle la cola a Rezaei. El juego, que se desarrollaba en el estadio Sardar Jangal, la casa de Sports Club Damash Gilan, se emparejó con otros tres tantos. A tres minutos del final, cuando el duelo parecía que finalizaba igualado en dos conquistas por bando, Mohammad Nouri clavó el gol de la victoria visitante y todos los muchachos de Persepolis festejaron con una pila humana junto al banderín del córner. Allí, Rezaei devolvió el cariñoso pellizco en la nalga a Nosrati. Pocas horas después de terminado el encuentro, la alegría de los futbolistas de Persepolis se desvaneció, en especial la de los traviesos manilargos: una corte de Teherán evaluó con excesivo rigor la conducta de los escandalosos jugadores y los condenó por "conducta inapropiada" a una pena de dos meses de prisión y 74 latigazos en público, informó la agencia de noticias semioficial iraní Fars. Para el tribunal, el proceder de Nosrati y Rezaei fue "considerado como una violación de la castidad pública". "El castigo de este crimen es de hasta dos meses de prisión y 74 latigazos", destacó uno de los magistrados, quien sostuvo que el episodio fue "muy grave porque sus acciones tuvieron lugar ante los ojos de miles de espectadores y las cámaras de televisión". Hasta la primera edición de este libro, los dos futbolistas no habían vuelto a jugar en la liga profesional local. Un castigo exagerado y retrógrado que, sin dudas, a los ojos occidentales, fue exorbitante.

Júbilo roto

Situaciones como las que vivió el portugués Paulo Diogo deberían hacer recapacitar a los efusivos goleadores. Unas páginas más adelante se explicó que la FIFA incluyó en el reglamento una disposición a la normativa relacionada con la vestimenta de los futbolistas para que no utilizaran "ningún objeto que sea peligroso para ellos mismos o para los demás jugadores (incluido cualquier tipo de joya)". El 5 de diciembre de 2004, cuando todavía no se había oficializado esta disposición, Servette Football Club Genève, último de la primera división suiza, derrotaba en casa 2-1 a Fussballclub Schaffhausen, el penúltimo, y lo pasaba en tabla. Se trataba de un partido muy reñido que podía definir un descenso, aunque el equipo visitante no se rendía y atacaba en pos de la igualdad que le diera aire a sus aspiraciones de permanencia. A los 88 minutos, el veloz atacante local Diogo se escapó, enfrentó al arquero rival y con un preciso derechazo definió el trascendental encuentro. El portugués corrió hacia su hinchada y se colgó del alambre perimetral para unirse al delirio de los fanáticos. Pero, al bajar, su alianza matrimonial —se había casado pocos días antes— se enganchó en la trama metálica y le seccionó el dedo. El goleador fue trasladado a un hospital de Zurich, donde los médicos intentaron en vano reimplantarle el apéndice anular. Como si la definitiva amputación no hubiese significado suficiente castigo, el portugués, encima, fue amonestado por excederse en su celebración.

Se suele decir que "la venganza será terrible". Probablemente Thierry Henry pueda dar cátedra sobre el tema. El 6 de mayo de 2000, el delantero galo marcó dos tantos con la camiseta de Arsenal FC ante Chelsea FC, en uno de los clásicos de Londres. Luego de señalar la segunda conquista, Henry corrió hasta el córner y "celebró" pateando el banderín: la flexible varilla, como un feroz chicotazo, rebotó y volvió con fuerza para ¡golpearlo en la cara! El francés fue atendido por los médicos de los "gunners" y continuó en la cancha, aunque algo disminuido por un mareo. Lo positivo del caso fue que esos dos goles alcanzaron para un vital triunfo por 2 a 1. Lo negativo, que además de la dolorosa magulladura, Henry recibió una tarjeta amarilla del inclemente árbitro Mike Reed.

Uno que padeció un festejo maldito sin haber tenido ninguna responsabilidad fue el argentino Martín Palermo. El 29 de noviembre del 2001, Palermo, quien vestía la camiseta de Villarreal C.F., marcó de zurda el tanto del empate ante Levante Unión Deportiva por la Copa del Rey. El rubio atacante se acercó a compartir su alegría con un puñado de hinchas del "submarino amarillo" que habían viajado hasta el estadio Ciudad de Valencia, cuando ocurrió lo imprevisto: el muro que separaba la tribuna de la cancha se derrumbó sobre la pierna derecha de Palermo para causarle una doble fractura de tibia y peroné. La pared por poco alcanza a otros jugadores de Villarreal que se habían acercado al argentino para felicitarlo. "Si se hubieran juntado tres mil personas contra esa valla, la tragedia habría sido mucho mayor", indicó el delantero rumano Gheorghe Craioveanu, quien se salvó por un pelo. A causa de este percance, Palermo estuvo inactivo más de cuatro meses.

Amores que matan: El 18 de abril de 1993, Arsenal FC y Sheffield Wednesday FC igualaban 1-1 en el estadio de Wembley, distinguido escenario de la final de la Football League Cup. A los 68 minutos, el inglés Paul Merson escapó por la izquierda y lanzó un centro que el norirlandés Stephen Morrow empujó a la red para destruir la paridad. El tanteador no se modificó y, con el pitazo del referí Allan Gunn, Arsenal celebró un nuevo título. Mientras Morrow festejaba de cara a sus fanáticos, el gigantesco zaguero Tony Adams, capitán de los "gunners", corrió unos 50 metros y trató de alzar al héroe sobre sus hombros con mucha fuerza... y mucha ineptitud. El goleador cayó hacia atrás y se fracturó el brazo derecho. Morrow se perdió el resto de la temporada pero no la celebración, puesto que exigió a los médicos del equipo a que le aplicaran un cabestrillo para no perderse la "vuelta olímpica".

En Brasil, Saulo, arquero de Sport Club do Recife, no se sentía satisfecho con el magro 1-1 que, la noche del 31 de enero de 2011, se conseguía en casa, Ilha do Retiro, frente a Associação Acadêmica e Desportiva Vitória das Tabocas, el peor equipo del Campeonato Pernambucano. Ya en tiempo agregado, el árbitro Emerson Sobral otorgó un tiro libre a Recife, casi en la esquina derecha del área rival. El portero salió como una flecha hacia el rectángulo de enfrente e hizo valer sus 1,98 metros de altura para cabecear a la red un preciso centro de Carlinhos Bala. Mientras unas 20 mil personas se desahogaban, Saulo corrió a sumarse a la alegría de sus hinchas, pero pisó mal y cayó con torpeza detrás del arco vulnerado. El mal paso destruyó el ligamento cruzado anterior de su rodilla derecha y lo marginó seis meses de las canchas. Mientras el arquero era retirado en camilla, su puesto bajo los tres palos quedó en manos de Carlinhos Bala, un chiquitín de apenas 165 centímetros de altura. El pequeño volante demostró ser tan hábil con sus manos como con sus pies y, con un par de bravos revolcones, mantuvo su valla invicta hasta el final.

Otro badulaque que mutiló los ligamentos de su rodilla fue el bermudeño Leonard Shaun Goater. En octubre de 2002, en el estadio St. Andrew's de Birmingham City FC, el moreno delantero no tuvo mejor idea que celebrar un tanto de su compañero Nicolas Anelka con una patada a un cartel de publicidad. Mas el muchacho caribeño calculó mal su zapatazo y su rodilla se reventó contra el duro bastidor de aluminio del aviso. Goater pagó su tontería con dos meses de convalecencia, una multa harto barata para un reincidente: unos años antes, en 1998, el atacante había decorado un gol con una intrépida voltereta que culminó con la fractura de un brazo.

Algo más espectacular, aunque en la misma sintonía, resultó la intrépida pirueta de Celestine Babayaro. En 1997, el nigeriano festejó un gol de Chelsea FC en un inocuo partido de pretemporada ante el débil Stevenage FC con un innecesario salto mortal que derivó en una mala caída y una fractura que lo tuvo "parado" varios meses.

Sin embargo, la corona de olivos de esta clasificación se la llevó el argentino Fabián Espíndola, del club estadounidense Real Salt Lake. El 7 de septiembre de 2008, a los cinco minutos de un partido de liga ante Los Ángeles Galaxy, que todavía no había ofrecido goles a los espectadores que habían llegado al estadio Rio Tinto de Utah, Espíndola sacó un derechazo potente que se clavó junto al poste izquierdo del arquero visitante Steve Cronin. Feliz por su logro, el argentino ensayó un arriesgado salto mortal que finalizó en un pésimo aterrizaje. El golpe le provocó un severo esguince en el tobillo izquierdo, que lo mantuvo dos meses fuera de las canchas. Espíndola abandonó el juego de inmediato, reemplazado por el armenio Yura Movsisyan, y mientras era asistido por los médicos a centímetros de la línea de cal, se enteró de que, a raíz de una posición adelantada de su compañero Kyle Beckerman, su bella conquista había sido anulada.

Amigos son los amigos

En septiembre de 1996, causó conmoción en Chile el vehemente festejo que el arquero Leonardo Canales y el defensor Carlos Soto realizaron cuando Héctor Cabello consiguió el gol del triunfo para Club de Deportes Coquimbo Unido en un partido de primera división. Especialmente porque el guardameta y el zaguero integraban la formación de... Club Deportivo Provincial Osorno, ¡el rival de Coquimbo esa tarde! Los dos jugadores fueron separados inmediatamente del plantel y sometidos a una rigurosa investigación. Buscados vivos o muertos por los furiosos hinchas de Osorno, Canales y Soto debieron escapar de la ciudad entre gallos y medianoches. Pero, antes de fugarse, se justificaron por su inusitada reacción: aseguraban que mantenían una férrea amistad con Cabello, nacida cuando los tres habían compartido otros equipos.

A los tortazos

Goodison Park era una caldera. La cuarta ronda de la F.A. Cup había formado el clásico de Liverpool y, ese 24 de enero de 1981, Everton hacía pesar su condición de local y se imponía 1-0. A los 15 minutos de la segunda mitad, el veloz delantero local Eamon O'Keefe escapó hacia la izquierda y lanzó un preciso centro para que Imre Varadi definiera cómodo entre los desesperados defensores y el arquero Ray Clemence. Varadi corrió hacia la tribuna lateral (que en ese momento estaba separada del campo de juego por una alambrada) para celebrar con su parcialidad, sin recordar que, para ese fogoso match, ese sector había sido asignado a los partidarios de Liverpool FC, que ardían de bronca por la derrota que eliminaba a su amado club de la competencia. El gesto, aunque involuntario, echó nafta al fuego. Varadi sólo notó su error cuando su rostro estuvo a centímetros de la valla, lo suficientemente tarde para eludir un "pie", un pequeño pastel de carne y masa similar a la empanada, que le lanzó un furioso hincha "rojo". "Estaba tan eufórico que corrí hacia la tribuna que estaba llena de aficionados de Liverpool. Alguien me lanzó un pastel que me golpeó de lleno en la cara. Todavía puedo saborearlo", recordó Varadi años después, con una sonrisa y algo de nostalgia por tan delicioso festejo.

Tarde para el diablo

La tarde del 26 de octubre de 1986 no pudo resultar peor para el Club Atlético Independiente. Los "diablos rojos" recibieron ese día al modesto Racing de la ciudad de Córdoba por el torneode primera división argentino y, lo que en los papeles parecía una cómoda e intrascendente victoria, se convirtió poco a poco en una verdadera tragedia. A los diez minutos del segundo tiempo, con el marcador aún en blanco, el árbitro Aníbal Hay expulsó al máximo ídolo de la hinchada roja, Ricardo Bochini, por protestar. Diecisiete minutos después, el arquero cordobés Manuel Serrano le contuvo un penal al volante Gerardo Reinoso, en la ocasión más propicia que tuvieron los locales para ponerse en ventaja. Un cuarto de hora más tarde, el defensor de Independiente Juan Carlos Erba marcó el único gol del partido, pero en contra de su propio arco. Y para redondear una de las peores jornadas de su historia, a sólo un minuto del final el arquero Luis Islas chocó con el delantero rival Carlos Pajurek y sufrió una doble fractura de peroné y de tibia con desplazamiento hacia atrás, lesión que lo obligó a permanecer alejado de las canchas por más de seis meses. Lo que se dice una tarde para el diablo.

Soborno honesto

El presidente de un club de la primera división croata admitió en agosto de 2002 haber sobornado a un referí "para asegurar que hiciera correctamente su trabajo". El "honrado" directivo, Stjepan Spajic, titular del Hrvatski Dragovoljac, entregó diez mil euros al árbitro Ivan Katusa antes del encuentro con el Slaven Belupo. Pero como el Hrvatski cayó por dos a uno y perdió la categoría, Spajic encaró a Katusa en el vestuario y le exigió la devolución del dinero "porque su arbitraje fue todo, menos honesto". El hombre de negro accedió. Luego de que el insólito caso tomara trascendencia en los medios de prensa, el Comité de Disciplina croata suspendió al dirigente por dos años, y de por vida al referí, que se quedó así sin el pan y sin la torta.

Expulsado dos veces... ¡en el mismo partido!

Clube Atlético Mineiro de Belo Horizonte, invicto en el grupo 3 de la ronda inicial de la Copa Libertadores, aunque sin victorias, ganaba con comodidad el duelo que, el 16 de marzo de 1972, protagonizaba como visitante del club paraguayo Olimpia en Puerto Sajonia. Ronaldo (Ronaldo Gonçalves Drumond, sin parentesco con dos homónimos cracks que llegarían décadas más tarde, Ronaldo Luiz Nazário de Lima y Ronaldo "Ronaldinho" de Assis Moreira), a los 9 minutos, y Dario (Dario José dos Santos, un pintoresco delantero conocido como "Dadá Maravilha", quien integraría el plantel brasileño campeón en el Mundial de México 1970 y ya protagonizó otra historia en este libro) a los 12, le dieron una cómoda ventaja a la escuadra brasileña. El equipo paraguayo reaccionó y, gracias a una polémica actuación del árbitro chileno Lorenzo Cantillana, logró empatar con un tanto de Alcides Sosa a los 18 minutos y otro de Crispín Verza, a los 73. "El juez nos metió la mano en el bolsillo y nos robó el partido. Los dos goles de Olimpia fueron escandalosos", se quejó tiempo después Dario. La igualdad de Verza fue la más cuestionada por los hombres del "Gallo", por entender que se había concretado luego de una presunta clara falta en ataque: "Yo le pedí a Cantillana que cobrara una para nuestro lado y me echó con una roja directa", prosiguió el autor de la segunda conquista "mineira". Esta expulsión terminó de encender los ánimos de los jugadores visitantes, que intentaron agredir al referí y también a sus colegas guaraníes, hecho que desató una tremenda batahola. A causa de una lluvia de patadas y trompadas, Cantillana echó a otros dos futbolistas brasileños, Ronaldo y Odair, y a uno local, Verza. En medio de los incidentes, Darío se acercó al utilero de su equipo, se sacó su camiseta "9" y le pidió otra con el número "15", que se calzó antes de regresar a la cancha. En cuanto se reanudó el match, Atlético Mineiro, con sólo un hombre menos a pesar de las tres rojas, se lanzó al ataque y Darío a punto estuvo de desequilibrar el marcador, pero su remate reventó el travesaño. Tras esa jugada, los defensores de Olimpia se avivaron de la treta de "Dadá Maravilha" y corrieron a denunciarlo al árbitro. El chileno, al descubrir el ardid, se acercó a Darío y volvió a mostrarle la tarjeta roja, ¡nueve minutos después de su primera expulsión! El delantero no se fue solo: Humberto Ramos y Romeu lo acompañaron tras haber agredido a Cantillana. Así, Atlético Mineiro, que empataba, perdió el encuentro por quedarse con apenas seis futbolistas, uno menos que el mínimo permitido para competir. Aunque bien podría decirse que las rojas fueron siete, porque la de Darío, en efecto, se vio por duplicado.

En el puesto del padre

"Umberto Carlomagno, de 47 años, y Biagino Carlomagno, de 18, padre e hijo, comparten una misma pasión por el fútbol y mantienen una rivalidad por ser titulares como arqueros del Lagonegro, club del campeonato nacional italiano de aficionados en el que juegan, y sufrieron el pasado domingo una de sus peores tardes al recibir, entre los dos, ocho goles. El Lagonegro jugó en el terreno del Altamura, equipo que ganó ocho a cero. Lo curioso es que tanto Umberto como Biagino jugaron un tiempo cada uno y entre los dos soportaron la goleada, aunque las cosas le salieron mejor al hijo, porque su padre recibió seis goles. Umberto se había retirado del fútbol hace nueve años, pero ante la crisis que vivía el equipo, con lesiones y la ida de jugadores, se vio obligado a regresar a la actividad". Este brillante cable de la agencia de noticias italiana ANSA, del 8 de abril de 1998, demuestra que pueden suceder cosas insólitas en la relación entre padres, hijos y el fútbol.

Juega el hijo, cobra el padre

El amistoso del 16 de agosto de 2006 entre Inglaterra y Grecia no fue uno más para el arquero Chris Kirkland, del club Wigan Athletic: ese día debutó en la selección británica. Chris reemplazó en el entretiempo a Paul Robinson en el arco de la escuadra inglesa, que esa jornada se impuso por cuatro a cero. Tampoco fue un partido más para el padre de Chris, Eddie. El hombre no sólo se dio el gran gusto de ver actuar a su hijo bajo los tres palos de su equipo nacional, sino que, además, obtuvo una recompensa extra: doce años antes, Eddie había apostado cien libras a la empresa de juegos Bookmakers William Hill que su hijo (entonces de trece años) atajaría para la selección inglesa antes de cumplir los treinta. El vaticinio finalmente se consumó, y Eddie, que tenía un "sport" de cien a uno, cobró diez mil libras.

Le hacen un gol al hijo, echan al padre

La ansiedad y la enorme expectativa que colmaban el "Cementerio de los Elefantes" el 4 de marzo de 1998, día del debut del club argentino Colón de Santa Fe en la Copa Libertadores, duraron muy poquito. Las más de cuarenta mil personas congregadas en el estadio Brigadier General Estanislao López pasaron del encanto a la decepción en apenas 25 minutos, cuando el Club Atlético River Plate abrió el marcador que convirtió el dulce estreno en amargura. La conquista fue rarísima: un pelotazo del defensor visitante Celso Ayala, nacido en un tiro libre desde su propio campo, voló 70 metros, picó sobre un pozo que había en la descuidada área local y, tras efectuar una impredecible y sorpresiva parábola, superó la estirada del arquero Leonardo Díaz, que nada pudo hacer para evitar la apertura del marcador. Colón cayó esa noche por 2 a 1, mas el club "sabalero" no fue el único que perdió. Al día siguiente, los furiosos dirigentes de la institución santafesina echaron al canchero encargado del mantenimiento del terreno de juego del "cementerio", por considerarlo responsable principal del traspié en el estreno internacional. El empleado despedido se llamaba Marcelino Díaz y —¡cómo es el destino!— era el papá de Leonardo, el arquero de Colón.

Números borrosos

Para visitar a Boca el 8 de julio de 1984 por el campeonato de primera división, los utileros del club Atlanta no tuvieron mejor idea que llevar a la "Bombonera" sólo dos juegos de camisetas, ambos totalmente azules con finos vivos amarillos. Esta medida sorprendió a los encargados de preparar la ropa de juego del equipo local, que habían dispuesto dos mudas con el tradicional diseño auriazul, ya que se esperaba que el conjunto "bohemio" se presentara con la clásica casaca azul a amarilla a bastones verticales. Ante la emergencia, los "xeneizes" salieron al campo de juego con camisetas blancas de entrenamiento, pero como éstas carecían de los correspondientes números del 2 al 11, la solución fue garabatearlos a mano con pintura "al óleo" color azul que se encontró "por ahí". Claro que, con el correr de los minutos y de la transpiración, los que en un principio parecían números pronto se transformaron en borrosas manchas ilegibles que embadurnaron las prendas y las espaldas de los futbolistas boquenses. No fue necesario, por ende, que los jugadores visitantes apelaran a la marca "hombre a hombre" para que la cosa se tornara pegajosa. Molestos por la situación, en el entretiempo los locales se deshicieron de las casacas improvisadas y se vistieron con las tradicionales, sin importarles demasiado la colorida confusión.

De la guerra al gol

Con la derrota de los republicanos en la Guerra Civil española, ansiando tierras más tranquilas donde vivir, el vasco Isidro Lángara —ex integrante de la selección de su país en el Mundial de Italia de 1934— recaló en el puerto de Buenos Aires en la mañana del 21 de mayo de 1939. Claro que el arribo de Lángara al Río de la Plata no era un secreto: en el mismo embarcadero aguardaban por él varios dirigentes del club San Lorenzo de Almagro deseosos de que el inmigrante, dueño de brillantes antecedentes como goleador, se uniera a sus filas y pudiera dar vuelta la racha adversa de cinco partidos jugados sin conocer la victoria. El español aceptó la propuesta de los hombres de Boedo, y esa misma tarde fue llevado al hoy desaparecido estadio de la avenida La Plata —al que se conocía como "el Gasómetro"— para vestirse con los colores rojo y azul y salir a jugar contra River Plate por el torneo de primera argentino. Si bien cuando puso los pies sobre el césped el delantero no causó una buena impresión entre la parcialidad local —estaba bastante gordo y parecía lento y pesado—, el vasco corajudo se ganó esa misma tarde el mote de "ídolo" al marcarle cuatro tantos a los "millonarios" en menos de media hora, entre los 7 y los 35 minutos del primer tiempo. Con sus excelentes producciones, Lángara —quien se calzó la camiseta de San Lorenzo hasta 1942, período en el que marcó 110 goles en 121 partidos, y nunca fue expulsado—, contribuyó a que el conjunto azulgrana se transformara en uno de los predilectos de la colectividad española en la Argentina.

Indestructible

El barón James Kirkpatrick protagonizó un episodio que, aunque es avalado por distintas crónicas periodísticas y literarias, posee ciertos condimentos que lo acercan más a un relato legendario que a uno auténtico. El 23 de marzo de 1878, los equipos Wanderers FC y Royal Engineers AFC se enfrentaron en el estadio Kennington Oval de Londres por la final de la F.A. Cup 1877/8. Según ha quedado registrado en los medios de la época, el portero de Wanderers, Kirkpatrick, se fracturó un brazo a los 19 minutos de juego. Debido a que el reglamento de entonces no permitía las sustituciones, Kirkpatrick siguió en el arco todo el encuentro. A pesar de tan notable desventaja, ¡su equipo se impuso por tres a uno! Algunos relatos de dudosa veracidad afirman que, aun apremiado por la grave lesión, Kirkpatrick ensayó varias temerarias y exitosas volteretas en defensa de su valla. Quizá la fractura no fue tal, quizá las hazañas del barón fueron producto de obsecuentes reporteros. No sería la última vez...

Cuatro contra once

El 29 de noviembre de 1908 se disputó uno de los partidos más extraordinarios de la historia del fútbol. Por el torneo de primera división de la ciudad de Copenhague, Østerbros Boldklub (ØB) recibió en su cancha de Fælledparken a Boldklubben af 1893 (B93), campeón de la temporada anterior. En realidad, no recibió a todo el equipo: por un problema con el tren que trasladaba a la mayoría del conjunto visitante, B93, a la hora del pitazo inicial, sólo contaba con cuatro futbolistas. El referí intentó cancelar el match, pero el capitán de ØB, agrandado, autorizó que su rival comenzara el partido con su insignificante cuarteto. El hombre imaginaba una goleada que le permitiera a ØB ganar su primer partido del campeonato. El grupito visitante se distribuyó como pudo y, con un notable esfuerzo, logró que el primer tiempo terminara, apenas, cuatro a cero a favor de ØB. En el entretiempo, llegó el resto del equipo de B93, que, once contra once, logró dar vuelta el resultado y ganar por cinco a cuatro. Gracias a esa heroica e increíble victoria, B93 logró el bicampeonato porque, cumplidos todos los partidos, aventajó por solamente un punto a la escuadra que quedó segunda, Kjøbenhavns Boldklub. Østerbros Boldklub, en tanto, terminó último, sin haber ganado ni empatado un solo partido.

Gracias a los hinchas

El 26 de marzo de 1994, Chacarita y Almagro se enfrentaron en San Martín por el campeonato de Primera B argentino. Como ambas instituciones eran vestidas por la misma marca de indumentaria deportiva, Penalty, se puso en juego una copa, que quedaría en las vitrinas del conjunto vencedor. La iniciativa contó con el visto bueno de los dos clubes. Sin embargo, a la hora de salir a la cancha... ¡Sorpresa!: las dos escuadras salieron al campo con atuendos totalmente blancos. Para colmo, ninguno de los dos utileros había previsto un percance semejante. Con el correr de los minutos, un simpatizante local propuso una solución para superar el tremendo papelón: pedir prestado a la hinchada remeras "tradicionales" a bastones rojo, negro y blanco, con el número estampado. En un abrir y cerrar de ojos, desde atrás del alambrado cayeron prendas para formar decenas de equipos, producto de la reconocida fidelidad de los seguidores de Chacarita por llevar a los estadios los colores de sus amores. Rápidamente se armó una selección del "2" al "16" y se la distribuyó entre los futbolistas, que iniciaron las acciones con 22 minutos de retraso. Finalmente, Chacarita se impuso por tres a dos, lo que lo hacía acreedor al trofeo. Cuando el capitán Sergio Lara se acercó al directivo de Penalty para recibir el premio... ¡Media sorpresa más!: El defensor vestía una camiseta marca Taiyo, el anterior "sponsor" del cuadro "funebrero".

Pelé y Di Stéfano, dos arquerazos

La fría estadística indica que el magnífico goleador hispano-argentino Alfredo di Stéfano anotó 377 tantos en 521 apariciones con los colores de River Plate, Huracán, Millonarios de Colombia, Real Madrid y Real Club Deportivo Español de Barcelona. Además, consiguió otros seis en igual cantidad de partidos con la selección argentina, y otros 23 en 31 presentaciones con la camiseta roja furiosa de España. Lo que los números no dicen es que cuando su talento fue requerido para una función completamente diferente la "Saeta Rubia" no se echó atrás. El 30 de julio de 1949, durante un superclásico caliente, con River y Boca en los dos últimos lugares de la tabla de posiciones del certtamen de primera división argentino, Di Stéfano debió reemplazar durante seis minutos a Amadeo Carrizo, desvanecido por un golpe en el hígado. Con las manos desnudas y apenas vestido con una camiseta de mangas cortas, "el Alemán" mantuvo el cero en su valla, hasta que el arquero se recuperó y ambos volvieron a sus puestos. Finalmente, el conjunto millonario se impuso por la mínima diferencia. La designación de di Stéfano no fue casual. De hecho, él mismo se encargó de aclarar en numerosas oportunidades que su puesto favorito "siempre fue el arco", y que disfrutaba durante los entrenamientos cuando, en lugar de ensayar jugadas de ataque, se calzaba los guantes.

Otro gran verdugo de redes, el fabuloso Edson Arantes do Nascimento, Pelé, tuvo su tarde de gloria como número "1". Tal vez el hecho de haber marcado tantos goles le otorgó dotes para evitar la caída de su propio arco. El 19 de enero de 1964, por la semifinal de la Taça Brasil, Gremio derrotaba como local a Santos por 3 a 1 en el Pacaembú de San Pablo, hasta que "el Rey" anotó los tres tantos que dieron vuelta el resultado. Poco conforme con su hazaña, Pelé se instaló en el arco del equipo santista cuando el árbitro argentino Teodoro Nitti expulsó al guardameta Gilmar. Con la misma destreza que derrochaba al patear el balón, el "diez" ensayó varias espectaculares atajadas que impidieron el empate gaúcho y sellaron el triunfo del Santos. Sus notables condiciones para custodiar los tres palos parecen haber sido heredadas por su hijo "Edinho", quien durante varias temporadas lució el buzo de ese club, aunque como titular.

Pan

La noche del 19 de octubre de 1983, en el estadio de Instituto de Córdoba de Argentina, el delantero de San Lorenzo de Almagro Walter Perazzo "no veía una". Famélico por haberse perdido la merienda por una siesta más larga de lo debido, Perazzo no tenía fuerzas ni para volver al vestuario. Terminó el primer tiempo y en el camarín visitante no había ni un caramelo para engañar al estómago. Ya en el complemento, con el tanteador uno a uno y la presión arterial por el suelo, el atacante sintió un golpe en la espalda, seguido de un grito: "Porteño muerto de hambre". Se dio vuelta y vio un "pebete" reluciente, intacto sobre el césped. No lo pensó dos veces: lo partió y se lo comió en dos bocados. Con la panza llena y el corazón contento, Perazzo marcó el segundo tanto "santo", un golazo, y sirvió en bandeja otros dos para que la escuadra porteña ganara por cuatro a uno.

La amonestación

A lo largo de un siglo y medio de fútbol, varios jugadores, entrenadores y hasta árbitros han fallecido mientras intervenían en un partido, ya sea por recibir un fuerte golpe o por una indisposición cardíaca. El deceso del camerunés Marc-Vivien Foé es uno de los que más trascendencia obtuvo, por haber ocurrido durante un encuentro por la Copa FIFA de las Confederaciones, en junio de 2003, ante Colombia. A los 72 minutos, mientras las acciones se desarrollaban en otro sector de la cancha, Foé se desplomó sobre la hierba tras sufrir una descompensación provocada por una miocardiopatía hipertrófica. Los médicos intentaron reanimarlo durante 45 minutos, pero el africano no reaccionó: había muerto frente a las cámaras de televisión que transmitieron el dramático suceso "en vivo y en directo" a todo el mundo.

Otro caso excepcional envolvió al defensor Goran Tunjic. En mayo de 2010, los clubes NK Mladost-Ždralovi y Hrvatski Sokol protagonizaban un intenso 0-0 por la quinta división del campeonato croata. A mitad del segundo tiempo, cuando la escuadra visitante peloteaba el área de NK Mladost, Tunjic cayó mientras disputaba el balón con un rival. Como el jugador no se levantaba, el árbitro Marko

Maruncek se le acercó y, al considerar que estaba "haciendo tiempo", le sacó la tarjeta amarilla. A pesar de la sanción y los reproches del referí, el zaguero, de 32 años, continuó inmóvil en el suelo. Al ver que el muchacho seguía sin reaccionar, Maruncek, al borde de la desesperación, ordenó el ingreso del equipo médico, que descubrió que el jugador estaba muerto. Maruncek suspendió el encuentro y, por supuesto, no volcó la amarilla a su informe.

Pañuelos

Luego de pasar por Chacarita Juniors —equipo con el que consiguió el ascenso a primera en 1941— y por Vélez Sarsfield, el centrodelantero Marcos Aurelio emigró junto a sus compañeros "fortineros" Miguel Rugilo y Ángel Fernández al club mexicano León, en medio de un masivo éxodo de jugadores argentinos al fútbol azteca, ocurrido en 1944. Allí tuvo a un entrenador que utilizaba un complejo método para darle instrucciones a sus dirigidos basado en pañuelos de diferentes colores. Si el técnico agitaba uno de color azul, todos debían ir al ataque. En cambio, si exhibía uno verde, los once tenían que defender. Y si el pañuelo elegido era el rojo, "había que retener la pelota". La novedosa estrategia se puso en práctica en un partido de primera división, pero las cosas no salían nada bien: por más que el alineador cambiaba los colores, los goles de los rivales llegaban unos tras otros. Con el partido desfavorable por cinco a uno, Aurelio se acercó al banco y, dirigiéndose al técnico, le sugirió: "¿Qué le parece si saca un pañuelo blanco y nos rendimos?".

"Local" en otro país

El 3 de marzo de 2014, sucedió un caso único en la historia de la Copa Libertadores: un equipo que actuó como visitante en el extranjero llevó más hinchas al estadio que el anfitrión, que jugaba en su propio país. Esta insólita situación tuvo lugar cuando Arsenal Fútbol Club —un club con menos de 60 años de vida, de magra convocatoria aunque con excelentes resultados deportivos a partir del Siglo XXI— recibió en su cancha, "Julio Humberto Grondona", al Club Atlético Peñarol por el grupo 8 de la primera fase del torneo continental. Esa tarde, unas cinco mil personas ingresaron al coliseo situado en la localidad de Sarandí, en el conurbano de la ciudad de Buenos Aires. Más de tres mil eran hinchas de Peñarol, que superaron en número a la siempre pequeña parcialidad de "El Viaducto". Hasta ese momento, las veces en las que un equipo visitante había superado en público al local, habían sucedido en duelos entre instituciones de la misma nación.

Duchas de agua caliente

Las esposas y novias de los futbolistas que participaban en la Exeter and District Sunday League pusieron el grito en el cielo cuando se enteraron de que una referí, Janet Fewings, se duchaba después de los partidos... ¡junto a los jugadores! Vaya insolencia la de Fewings: a sus 41 años, esta madre de cuatro niños se desnudaba y tomaba su baño post-partido tranquilamente junto a los muchachos. "En los estadios de los clubes pequeños no hay duchas para mujeres y hombres", se justificó la jueza cuando el escándalo se desató a mediados de 1996. "Yo ya he visto de todo antes, y les aseguro que, a menudo, no es la más bonita vista en el mundo", contestó mordaz a las quejas de las celosas mujeres. A lo largo de una extensa carrera de más de cien partidos arbitrados, Fewings debió cambiarse en cocinas, bares y hasta en un armario de escobas. Harta, un buen día decidió meterse en el vestuario de uno de los dos equipos y, sin ningún pudor, refrescarse junto a los futbolistas desnudos. Consultado por el diario inglés The Mirror, uno de esos jugadores comentó con gran sentido del humor: "Primero me quedé atónito al ver una mujer desnuda en la ducha de al lado, pero después me pareció el mejor resultado de toda la temporada". Janet también le puso una cuota de gracia al caso:

"Es mejor que cambiarse junto a las escobas, salvo que alguno de los muchachos haya bebido mucho la noche anterior". Lo que no confesó la desvergonzada Fewings es si alguna vez, durante el baño, se le cayó el jabón...

Luciano Wernicke

Alcanza-pelotas goleador

A lo largo de la historia del fútbol y, en especial, de este capítulo, se han registrado goles extraños de todo tipo. El 3 de diciembre de 2006, durante un partido correspondiente a la Copa de la Federación de São Paulo, ocurrió uno de los más inesperados, marcado por... uno de los muchachos "alcanza-pelotas". Ese día, en el estadio Leonidas Camarinha, FC Sorocaba ganaba como visitante por 1-0 a Associação Esportiva Santacruzense. A sólo un minuto del final, el delantero local Samuel remató desde la derecha en busca del empate, pero la pelota se fue muy cerquita del poste y cayó a los pies de un niño que oficiaba de "ball-boy". El chico, rápidamente, se metió en la cancha y pateó el balón al fondo de la red. El arquero de Sorocaba, Eduardo, sacó la pelota de las redes, la colocó en una esquina del área chica y se aprestó a realizar el saque de meta, pero increíblemente la referí Silvia Regina de Oliveira (justo una mujer árbitro...) se la pidió y la llevó al centro de la cancha, mientras con su silbato convalidaba la increíble conquista. El encuentro terminó igualado, y a pesar de las quejas y los videos presentados por los dirigentes de Sorocaba, la Federação Paulista de Futebol informó que legalmente era imposible anular la irregular anotación, por haber sido convalidada por el juez. Para echar nafta al fuego, Samuel reconoció ante la prensa que el tanto había sido antirreglamentario, pero dijo que "si la árbitro decidió que fue gol, fue gol". Un horrible ejemplo de "not fair play".

¡Ni con doce!

El 10 de septiembre de 2006, Morón enfrentaba en su cancha a Brown de Adrogué, por la Primera B Metropolitana argentina. A sólo 16 minutos del comienzo, Marcelo Vega cayó lesionado y, al ser atendido, el médico hizo una seña al entrenador local Salvador Daniele para que lo reemplazara. Con un tiro de esquina en contra, Daniele apuró el ingreso de Diego Perotti para no defenderse con un hombre menos. Pero Vega seguía en el campo, y también corrió a su área para colaborar en el despeje. Encima, el árbitro Cristian Faraoni —ni su primer línea, José Mendoza— se avivó de la irregularidad, y ordenó que se ejecutara el córner a pesar de que Morón contaba con... ¡doce futbolistas! Adrián Zen Bonacorsi lanzó un tiro bombeado que hizo patito en las manos del arquero Maximiliano Gagliardo y se metió junto al segundo palo. Mientras los visitantes festejaban, el referí se dio cuenta del papelón y ordenó a Vega que saliera del campo. Con once de nuevo, Morón llegó a la igualdad a los 23 del complemento, gracias a un pelotazo de Ceferino Denis. A los 32, Morón quedó otra vez con superioridad numérica, por expulsión de Gonzalo González, pero tampoco supo aprovechar la ventaja para quebrar la paridad de un encuentro que terminó uno a uno.

La orgía

Israel había logrado un notable segundo puesto en su grupo de clasificación para la Eurocopa 2000, que se realizó en Holanda y Bélgica. El equipo asiático —que compite en Europa por los graves problemas políticos que mantiene con sus vecinos— terminó detrás de España, clasificado directo para el torneo continental, pero delante de Austria, Chipre y San Marino. En los "play off", Israel debía enfrentar a Dinamarca en un duelo de "ida y vuelta" en pos de un boleto que nunca había conseguido en su historia. Frente al gran evento, el equipo se acuarteló en Tel Aviv para el primer duelo, pactado para el 13 de noviembre de 1999 en el estadio Ramat Gan. Empero, la noche anterior al juego, cuatro de los titulares se "concentraron" con prostitutas hasta la salida del sol. La juerga —versiones periodísticas denunciaron que en una habitación se encontraron "varios condones usados"— tuvo nefastas consecuencias: los normandos aplastaron a los israelíes por 5 a 0. En el juego restante, en Copenhague, Dinamarca selló su clasificación con un 3-0 que dejó un global de 8-0. La federación, enterada del singular suceso, decidió destituir a los cuatro "fiesteros" y al entrenador, Schlomo Scherf. Sin embargo, a las pocas semanas, las sanciones quedaron sin efecto: los futbolistas involucrados publicaron una carta de disculpas en un diario local, prometieron no repetir el incidente y donaron unos 19 mil dólares a una organización de beneficencia infantil. Una orgía muy cara, por la que debieron pagar por partida doble.

Qué suerte para la desgracia

El delantero brasileño Thiago Neves Augusto tiene un su haber un récord agridulce: es el único futbolista que marcó tres goles en un partido final de la Copa Libertadores. Pero, más allá de su eficacia en la red, su equipo, Fluminense Football Club, ¡no fue campeón! El particular caso se dio en la edición de 2008, cuando el "tricolor" de Río de Janeiro enfrentó en el match culminante a la Liga Deportiva Universitaria de Quito. Thiago Neves hizo uno de los dos tantos cariocas en el encuentro "de ida", aunque el club ecuatoriano ganó por 4 a 2. En la revancha, en el estadio "Maracanã", el atacante metió su célebre "hat-trick", para que "Flu" se impusiera por 3 a 1. En la definición por disparos desde el punto del penal, el arquero visitante José Cevallos rechazó tres disparos —uno al pobre Thiago Neves— para que la Liga se consagrara como el primer club de su país en ganar la Libertadores.

Delantero y arquero suplente

Desde pequeño, el irlandés Niall Quinn se destacó por sus habilidades con los pies... y también con las manos. Durante su infancia en Dublín, sobresalió en el "fútbol gaélico", una mezcla de rugby y fútbol que se practica con una pelota redonda y más pesada que su prima del "soccer", y arcos en "H" que otorgan tres o un punto, según el balón pase por debajo o por encima del travesaño. Al ingresar en la adolescencia, el joven decidió convertirse en futbolista y se alistó en el club dublinés Manortown United FC con una enorme disyuntiva: ser atacante o arquero, debido a que era tan bueno en un puesto como en el otro. Aconsejado por su entrenador, optó por convertirse en centrodelantero, un paso acertado ya que, en pocos meses, sus magistrales goles lo llevaron a cruzar el Mar de Irlanda para enrolarse en las prestigiosas filas del club Arsenal FC de Londres. En la primera división de Inglaterra, Quinn marcó 141 tantos en 475 partidos con las camisetas de los "gunners", Manchester City FC y Sunderland AFC. Con la selección irlandesa sumó otras 21 anotaciones en 92 encuentros. Mas la prolífica cosecha de goles nunca apagó su afición por colocarse debajo de los "tres palos". En los entrenamientos, Quinn solía calzarse los guantes para despuntar el vicio. Sus excelentes condiciones como guardameta permitieron al entrenador inglés Jack

Charlton llevar sólo dos arqueros al Mundial de Italia 1990 (Pat Bonner y Gerald Peyton), algo inusual cuando los planteles permitían 22 jugadores y no 23, como ocurre desde Corea-Japón 2002. Charlton (campeón en la Copa del Mundo de 1966 como jugador) no precisó contar con Quinn como portero, pero gozó con un gol suyo ante Holanda, en el estadio Renzo Barbera de Palermo. Quien sí necesitó de las seguras manos del atacante fue el técnico de Manchester City Peter Reid, quien el 20 de abril de 1991, frente a Derby County FC, utilizó una receta similar a la de la selección verde, aunque más arriesgada: con el irlandés en la cancha, sentó en el banco a cinco "jugadores de campo" (por entonces el número máximo de suplentes permitido). La escuadra celeste —local en Maine Road— ganaba 1-0 gracias a que un zurdazo del propio Quinn, desde afuera del área, se había clavado junto al poste izquierdo de Martin Taylor. Poco después, el delantero visitante Dean Saunders fue derribado dentro del área por el portero Tony Coton: penal y expulsión del "1" (es justo acotar aquí que Coton debutó en Primera con Birmingham City FC ante Sunderland, el 27 de diciembre de 1980: la primera pelota que tocó fue un tiro penal de John Hawley, que desvió en forma magistral). Sin arquero suplente, el goleador fue al arco con los guantes y el buzo verde de su compañero echado para enfrentar a Saunders, exponente del "me lo hacen, lo pateo". El atacante de "los carneros" sacó un derechazo esquinado que el irlandés rechazó con maestría con su mano izquierda. Manchester City ganó esa tarde 2-1 beneficiado por la hazaña fantástica de Quinn. Derby, con esa derrota, se fue al descenso.

Arquera

En septiembre de 2005, el Sunnana SK no estaba en las mejores condiciones para recibir al Burea IK por el campeonato de la cuarta división de Suecia: el arquero titular estaba lesionado, y su suplente, impedido por compromisos laborales. En un arranque de desesperación, el presidente del club, Sören Gustafsson, decidió convocar a Asa Berglund, la portera del equipo femenino del Sunnana. Gustafsson examinó con lupa el reglamento nacional y confirmó que no existía ningún impedimento para que jugara una mujer en un equipo masculino. Sí comprobó que estaba prohibido que un hombre actuara en un conjunto femenino. La tarde del match, la cancha del Sunnana se vio desbordada por 400 espectadores —su registro promedio era 200— para ver la actuación de Asa entre los varones. Burea se impuso finalmente por dos a uno, y según las crónicas periodísticas la arquera no tuvo responsabilidad en ninguno de los dos tantos recibidos. Lo que no se informó es si la blonda guardavallas utilizó el mismo vestuario que sus compañeros.

Un caso parecido, aunque no por la cuestión de género, ocurrió en Rumania el 2 de noviembre de 2002: el puntero del campeonato de primera, Rapid de Bucarest, se encontró de golpe sin guardametas, todos lesionados, para enfrentar al Arges Pitesti. Sin soluciones en el plantel profesional, el técnico convocó para el puesto al vicepresidente del Rapid, Razvan Lucescu, de 33 años, quien se había retirado pocos años antes. El dirigente, que había tenido una trayectoria destacada, cumplió sobradamente con el encargo, y su equipo ganó por uno a cero.

Fútbol memorable

Intolerancia

El 22 de agosto de 2002, el árbitro brasileño Jenhins Barbosa dos Santos salió a la cancha para dirigir un partido del campeonato sub-15 del estado de São Paulo con su silbato, sus tarjetas amarilla y roja, su reloj... pero sin una gota de tolerancia ni sentido común. Durante el juego, Barbosa dos Santos obligó a un defensor del Botafogo a repetir varias veces un lateral, pero como el joven no lo hacía "como dispone la FIFA", lo amonestó. El muchacho en cuestión, Waine Raphael Araújo, de 15 años, difícilmente podía efectuar el saque "con las dos manos", como señala la fría letra del reglamento, porque era manco de nacimiento. Para colmo, cuando Zito, el entrenador del Botafogo, se quejó por lo que consideraba una actitud denigrante, fue expulsado por el implacable hombre de negro. La situación causó indignación a los familiares de Araújo, quienes debieron soportar la triste situación desde la tribuna. Pero, apenas finalizado el encuentro, efectuaron una denuncia ante las autoridades locales por considerar que el chico había sido objeto de un acto repugnante, y el club elevó una queja a la Federación de Fútbol del Estado de São Paulo.

La hermandad

La selección argentina luce un récord que difícilmente podrá ser batido: haber presentado entre sus once titulares, en un mismo partido, a cuatro hermanos. Ellos fueron Jorge, Eliseo, Ernesto y Alfredo Brown, quienes el 9 de julio de 1908 integraron la escuadra nacional que, en un encuentro amistoso, derrotó por tres a dos a un combinado de jugadores cariocas en Río de Janeiro, en Brasil. Los Brown, legendarios próceres del fútbol argentino de ascendencia escocesa, tenían un quinto hermano, Carlos, quien también vistió la casaca albiceleste, pero nunca junto a más de dos de sus hermanos. Los cinco Brown sí se juntaron con los colores rojo y blanco de Alumni, pero no consiguieron actuar, todos juntos, para la selección.

Esta marca, ya se dijo, difícilmente podrá ser quebrada, pero fue igualada el 5 de junio de 2012 cuando el equipo nacional de Haití salió a enfrentar al de Vanuatu en el Lawson Tama Stadium de la ciudad de Honiara (Islas Salomón) por la eliminatoria de Oceanía para el Mundial de Brasil 2014. Ese día, la formación local incluyó a Lorenzo, Alvin, Jonathan y Teaonui Tehau. El cuarteto se repitió tres días más tarde ante Islas Salomón, aunque por unos minutos, porque Teaonui entró a los 75 en reemplazo de Steevy Chong Hue. Lo mismo ocurrió el 12 de septiembre, ante Nueva Caledonia (Teaonui sustituyó a Stanley Atani). Sin embargo, el mayor logro de esta familia se produjo el primero de junio de 2012, cuando Haití enfrentó a Samoa: los cuatro hermanos Tehau marcaron goles en la victoria por diez a uno. Lorenzo anotó cuatro tantos, Alvin dos y Jonathan otros dos. El noveno gol familiar lo consiguió Teaonui, quien había ingresado por Alvin. Steevy Chong Hue tuvo el "honor" de conseguir la única conquista que no quedó en el conteo fraternal. Los hermanos marcaron varios goles más, pero en el cuadrangular final continental la eficacia de los Tehau se evaporó y Tahiti quedó muy lejos de Nueva Zelanda, el ganador de la zona que disputó el repechaje con el cuarto equipo de la CONCACAF, México.

Moto voladora

A principios de mayo de 2001, Inter de Milán derrotó como local a Atalanta por tres a cero con tantos del italiano Christian Vieri y el uruguayo Alvaro Recoba. A pesar del cómodo triunfo por la Serie A, los "ultras" locales estaban particularmente belicosos, y desde la segunda bandeja del estadio San Siro comenzaron a arrojar todo tipo de proyectiles hacia la platea situada debajo. Y la expresión "todo tipo" no es exagerada, porque uno de los objetos que cayeron desde esa cabecera fue ¡un ciclomotor! Según la policía, la pequeña moto fue transportada por una rampa hasta lo más alto de la tribuna, desde donde fue arrojada al vacío. Lo que las fuerzas del orden no explicaron es cómo permitieron que el ciclomotor llegara tan lejos.

Victoria desinflada

En marzo de 2000, en Brasil, Portuguesa peloteaba en su casa a Matonese por la segunda fecha del Campeonato Paulista. A los seis minutos del primer tiempo, y con el local arriba desde tempranito uno a cero, Evandro recibió de Marco Goiano, se la pasó a Betinho y el atacante disparó un misil que se clavó en la red. A pesar de los festejos de los once portugueses y de su hinchadas, el referí Vladimir Vassoler —del campo de Matonese, porque en el Campeonato Paulista se estaba experimentado dirigir con dos árbitros— anuló la conquista, señaló un pique, y corrió a tomar el balón disparado por Betinho. Los espectadores no daban crédito a lo que veían, pero Vassoler mostró la pelota y hundió su mano en ella para demostrar su decisión: la pelota se había pinchado por el impacto y desinflado durante su viaje al fondo del arco. Aunque recorrió todo el campo para exhibir a los hinchas lo que había ocurrido, el hombre de negro no zafó de las puteadas. Para colmo, Matonese reaccionó y el partido terminó dos a dos. ¿Betinho? Se había ido un rato antes a las duchas, luego de ver la tarjeta roja, por protestar.

El indulto

La Eliminatoria para el Mundial de Inglaterra enfrentó a México y Costa Rica en un triangular final, junto a Jamaica. El mini torneo se inició el 25 de abril de 1965 con un empate a cero entre ticos y aztecas en San José. Este duelo empezó con notable corrección —el presidente de la federación visitante, Guillermo Cañedo, aseguró a la prensa haberse sorprendido cuando el público local "cantó el himno de México en la ceremonia previa"— pero, con el correr de los minutos y los nervios propios de una virtual eliminatoria "mano a mano", dada la enorme superioridad de ambas escuadras sabían que exhibirían sobre la jamaiquina, se diluyó en un mar de patadas y puñetazos. Los episodios de violencia obligaron al árbitro canadiense Raymond Morgan a expulsar en el segundo tiempo al visitante Isidoro Díaz y al local Juan José Gámez por agredirse mutuamente.

El 16 de mayo, el Tri y la Sele volvieron a encontrarse en el estadio de la Ciudad Universitaria mexicana. Los dos habían ganado todos sus partidos ante los isleños, algunos por enormes goleadas, de modo que en este juego se definía la única plaza de la flamante CONCACAF (sigla tomada de su nombre en inglés, Confederation of North, Central American and Caribbean Association Football):

el ganador viajaba a Inglaterra. A los 16 minutos, el azteca Ernesto Cisneros abrió el marcador con un cabezazo que anticipó la salida en falso del portero rival Emilio Sagot. El gol reavivó las brasas del partido de ida, que no se habían extinguido del todo. Un minuto después de la conquista que clasificaba a los mexicanos, un choque entre Ernesto Cisneros y el costarricense Álvaro MacDonald desató una batalla campal que abarcó a los veintidós protagonistas. Tras dieciocho minutos de trompadas y puntapiés, el árbitro Morgan —a quien, curiosamente, acompañaban como líneas el mexicano Fernando Buergo y el tico Alfonso Benavides— decidió echar del terreno al local Antonio Munguía y al visitante Carlos Quirós, dos de los púgiles más belicosos. Sin embargo, el veedor de la FIFA, el inglés Jimmy McGuire, pasó por sobre la autoridad del referí para exonerar a Munguía y Quirós de culpa y cargo, y ordenarles a ambos que regresaran al césped a jugar. "Era de sentido común continuar el encuentro —explicó el propio McGuire a la prensa, luego del pitazo final—. El espectáculo debía seguir porque el público había pagado para ver un partido de futbol. Creo haber hecho lo correcto, sin meterme con los reglamentos. Así, al menos, lo pienso. Convoqué a los dos capitanes y les supliqué que actuaran limpia y noblemente. Era lo mejor que se podía hacer sin perjudicar a nadie. Hubo tantos puntapiés y golpes que no se sabía quiénes eran los verdaderos culpables en esa batalla. La mayoría intervino en la lucha y la mayoría ameritaba la expulsión. De continuar el partido con diez hombres, la caballerosidad de los jugadores hubiera desaparecido y esto se habría convertido en agresiones innecesarias".

Tras la violenta interrupción, los dos equipos prosiguieron con once protagonistas. El marcador no se modificó y México se apropió una vez más del único cupo de la región para la Copa del Mundo en un partido con dos expulsiones que, oficialmente, jamás existieron.

Todo mal

El portero venezolano Rafael Dudamel se destacó por sus excelentes reflejos, una gran agilidad y un muy buen pie. Además de lucirse bajo los tres palos, el arquero trascendió por ser autor de muchos goles —totalizó 22 en veinte años de carrera—, la mayoría de penal. Uno de sus conquistas más famosas ocurrió el 10 de septiembre de 1996, cuando le marcó un tanto formidable de tiro libre a la selección argentina, por la Eliminatoria para el Mundial de Francia 1998. Pero, el 29 de abril de 2004, durante el repechaje de la Copa Libertadores entre Barcelona Sporting Club de Ecuador y Unión Atlético Maracaibo de Venezuela, Dudamel protagonizó un incidente nefasto. A los 84 minutos, con el equipo ecuatoriano en amplia ventaja por cinco a uno, el árbitro boliviano René Ortubé sancionó un penal para Maracaibo. El guardameta corrió al área rival para ejecutar el disparo, pero en su camino se interpusieron el delantero argentino Mariano Martínez y el atacante caribeño Giancarlo Maldonado, ambos deseosos de cobrar la falta. A pesar de que el técnico uruguayo Jorge Siviero había designado a Maldonado, el "uno" echó a sus compañeros y lanzó el penal, que fue atajado por el portero Geovanny Camacho. A causa de su yerro, aunque más por su actitud egoísta, Dudamel, duramente cuestionado por sus camaradas, decidió dejar la cancha. Sí, nada de sustituciones: se fue al vestuario, lo que obligó al referí a expulsarlo por conducta antideportiva. Siviero, además, debió quemar un cambio para meter a su arquero suplente, Tulio Hernández. Finalizado el encuentro, 6 a 1 a favor de Barcelona, los incidentes continuaron dentro del camarín venezolano. Dudamel, tras tomarse a golpes de puño con Maldonado, decidió abandonar el equipo. "Lo mejor fue separarme del grupo para reflexionar", aseveró. A lo pocos días, ya se estaba entrenando con sus nuevos camaradas de la Corporación Club Deportivo Tuluá de Colombia.

En los dos arcos

Muchos futbolistas protagonizaron una jornada agridulce al marcar dos tantos en un mismo partido, uno a favor, otro en contra. Sólo uno lo consiguió en una Copa del Mundo: el holandés Ernstus "Ernie" Brandts. El 21 de junio de 1978, en el estadio de CA River Plate, la jornada que cerraba el grupo semifinal A empezó terrible para el defensor de la "naranja mecánica", que esa tarde vistió camiseta blanca. A los 18 minutos, Brandts intentó desactivar un ataque comandado por Marco Tardelli y, al barrer, no sólo mandó la pelota al fondo de su arco, sino también fracturó a su arquero Piet Schrijvers. A los 5 minutos del segundo tiempo, Brandts, decidido a lavar su honor. Se fue al ataque y, tras un rebote fuera del área "azzurra", clavó un feroz zapatazo en el ángulo derecho del portero rival Dino Zoff. Arie Haan, con otro tremendo disparo de 30 metros que entró junto al poste izquierdo, le dio a Holanda la victoria y la clasificación para la final ante Argentina.

El sábado 25 de septiembre de 1976, por la Segunda División inglesa, Sheffield United FC-Blackburn Rovers FC y Plymouth Argyle FC-Bolton Wanderers FC finalizaron 1-1. En ambos casos, los dos tantos provinieron de un mismo hombre, curiosamente del equipo local: Colin Franks y Paul Mariner, respectivamente.

Con alguna variante en el tanteador, esta particular coincidencia ocurrió en la fecha 14 del Campeonato Clausura argentino de 1997: en los encuentros C. Gimnasia y Esgrima La Plata 3-C. A. Gimnasia y Esgrima de Jujuy 2 y CA Banfield 2-CA Platense 2, Guillermo Sanguinetti y Néstor Craviotto —también jugadores de las escuadras locales— anotaron en los dos arcos, con una particularidad extra: ambos actuaban en el mismo puesto, marcador lateral derecho, y con el mismo número en la espalda, el "4".

De vuelta en Inglaterra, el 5 de octubre de 1974, el estadio londinense White Hart Lane fue escenario de una situación desopilante. En apenas 20 minutos, el capitán de Tottenham Hotspur FC, Mike England, venció dos veces a su propio arquero, Pat Jennings, en favor de su rival, Burnley FC: primero, al empujar a la red un centro de Ian Brennan; luego, al desviar un disparo de Paul Fletcher. El equipo local descontó mediante John Pratt y, a ocho minutos del final, el avergonzado England fue hasta el área rival, cabeceó un córner de Jimmy Neighbour e igualó el duelo. Pero la suerte estaba echada y lo que había comenzado como una tarde aciaga para Tottenham terminó en una verdadera pesadilla. En la última jugada, el delantero visitante Leighton James disparó su último cartucho hacia el arco de Jennings: la pelota cambió su trayectoria al pegar en John Pratt y terminó dentro del arco, para regalarle la victoria a Burnley. Un infausto match de Tottenham, que marcó cinco goles para caer 2-3.

Sin embargo, en esta categoría, la medalla de oro la ganó el norirlandés Chris Nicholls, de Aston Villa FC, quien el 20 de marzo de 1976, por la primera división inglesa ante Leicester City FC, metió cuatro goles. El encuentro terminó... ¡2-2!

Luciano Wernicke

Fumando espero

El 22 de mayo de 1974, el seleccionado argentino visitó a su par de Inglaterra en el tradicional estadio de Wembley durante una gira preparatoria para el Mundial que ese año se desarrollaría en Alemania. En ese partido, el delantero René Houseman, a quien apodaban "El Loco", protagonizó un episodio muy divertido: a poco de iniciado el segundo tiempo, el técnico Vladislao Cap decidió realizar un cambio y pegó un grito a Houseman para que empezara a calentar. Pasó un ratito y al entrenador le llamó la atención que no se produjera ningún movimiento alrededor de la banca. Miró con atención y descubrió, horrorizado, que Houseman no estaba preparándose ni se encontraba sentado entre los suplentes. Cap, al borde del infarto, consultó a sus compañeros de conducción José Varacka y Víctor Rodríguez y a los otros jugadores, pero nadie sabía nada. A los pocos minutos, El Loco apareció, por fin. ¡Se había quedado en el vestuario fumando un cigarrillo! Houseman entró por Miguel Brindisi y comenzó la jugada que terminó en el penal con el que Mario Kempes empató el match dos a dos.

Doblete insólito

Pocas veces se ha visto un "blooper" semejante en un encuentro oficial como el sucedido el 24 de febrero de 1996, durante el Torneo Preolímpico jugado en la ciudad argentina de Mar del Plata. A los 27 minutos del segundo tiempo, con la pizarra 3-2 para Venezuela, el referí paraguayo Epifanio González dio un penal a Ecuador que le abría al equipo de camiseta amarilla la esperanza de igualar el match. El defensor Segundo Matamba, a cargo del tiro, colocó la pelota en su lugar, tomó carrera y con un zurdazo cruzado venció al guardameta "vinotinto" Rafael Dudamel. El árbitro, en lugar de marcar el centro de la cancha, ordenó la repetición de la "pena máxima" porque, al patear, a Matamba se le había salido el botín, que siguió la trayectoria de la pelota hasta el fondo del arco —algo que, en los potreros, los chicos suelen calificar, en broma, como un "vale doble"—. Matamba volvió a disparar y, aunque usted no lo crea, el zapato salió otra vez detrás del esférico, con una pequeña diferencia de trayectoria: el balón rebotó en el travesaño y fue rechazado por la defensa; el calzado, por su parte, pegó en el poste izquierdo de la valla venezolana. El referí, en este caso, dio por válida la ejecución —correspondía porque la incorrección no había sido provocada por el arquero ni por su defensa— y el encuentro siguió su marcha. El choque dejó margen para un doblete más: dos goles dentro del arco ecuatoriano, que redondearon un notable triunfo por 5 a 2 de la selección de Venezuela.

Arquero a tu zapato

El libro "Curiosities of Football", del periodista inglés Jonathan Rice, rescata una jugosa anécdota de Robert Kelly, delantero del club Burnley FC en la década de 1920. Por ser dueño de una fortísima patada, Kelly era el encargado de ejecutar los penales. En una oportunidad, al cobrar un disparo de once metros, el atacante tomó carrera, pateó y lanzó a toda velocidad el balón y también su zapato, que había escapado del pie. El arquero rival se tiró y atrapó... ¡el botín! La pelota, en tanto, pasó derechito a la red, ayudada por la confusión del portero entre los dos cueros. Al revés de lo que ocurrió en Mar del Plata, en la historia precedente, aquí el juez se equivocó y avaló la conquista.

Roja para las hinchadas

Se dice que no hay peores "barrabravas" o "hooligans" que los padres y madres de los futbolistas, en especial durante partidos infantiles y juveniles. Además de presionar a sus hijos para que consigan la victoria a cualquier precio, los adultos olvidan el contexto del juego y, en lugar de ofrecer un buen ejemplo, exhiben a los chicos el más variado abanico de insultos, muchas veces complementado con escenas de boxeo o lucha libre. En noviembre de 1995, el referí Dave Warwick debió hacer uso de un recurso extremo para proteger a los niños de once años de Gillway Boys FC y Bedworth United FC, que se enfrentaban por la liga Tamworth Junior del condado de Staffordshire, en el centro de Inglaterra. Harto de que unos veinte papis y mamis se agredieran entre sí y maltrataran a los jugadores con su lenguaje soez, Warwick detuvo las acciones, sacó su tarjeta roja y se la mostró a las dos hinchadas. El referí les advirtió que, si no se retiraban de los alrededores de la cancha, suspendería el encuentro. Los padres se alejaron hasta el estacionamiento del predio deportivo y los chicos, con sus oídos despejados, finalizaron el partido en absoluta paz y armonía.

Revancha en pocillo

Los futbolistas del club boliviano The Strongest volaban de bronca, y no sólo por el 4 a 0 que acababan de sufrir ese 15 de febrero ante la Sociedade Esportiva Palmeiras en el estadio "Parque Antarctica" de San Pablo, en la apertura del grupo 7 de la primera ronda de la Copa Libertadores de 2000. A los jugadores andinos les provocó un ataque de ira descubrir que, mientras su propio arco era vulnerado una y otra vez, del otro lado de la cancha el arquero del equipo brasileño, Marcos Roberto Silveira Reis, bebía café recostado sobre uno de sus postes. Los muchachos del conjunto atigrado reconocieron sus propias falencias para llegar esa noche al área de Palmeiras, pero consideraron que la actitud de Marcos fue, al menos, de mal gusto. Enfurecidos, los andinos se fueron de Brasil sedientos por la revancha en la altura de La Paz, y rumiando ese famoso proverbio que garantiza que "el tiempo se encarga de poner cada cosa en su lugar". El 6 de abril, Palmeiras viajó a la capital boliviana para enfrentar a The Strongest en el coliseo Hernando Siles, a unos 3.700 metros de altura sobre el nivel del mar. Allí, la entidad "rayada" pudo desquitarse, vaya paradoja, con cuatro goles contra el engreído Marcos. Cada una de las conquistas —de Antonio Vidal González, Sandro Coelho, Daniel Delfino y Josué "Índio" Ferreira Filho, éste último en contra— fue celebrada de la misma efusiva manera: con el grupo de futbolistas que había participado de la jugada sentado dentro del área del portero paulista y, con sus manos, simulando que se bebía un pocillo de café. A pesar de esta victoria por cuatro a dos, el equipo boliviano no logró clasificarse para la segunda fase de la Copa. Pero, al menos, logró endulzar el amargo sabor que le había quedado tras su viaje a Brasil.

No me voy

Oldham Athletic AFC nunca ganó el torneo de primera división de Inglaterra, pero estuvo muy cerca de lograrlo en la temporada 1914/15. El título se le escapó por sólo un punto y quedó en poder de Everton FC, gracias a una extraña situación. El 3 de abril de 1915, Oldham Athletic, puntero del campeonato, viajó hasta el estadio Ayresome Park para enfrentar a Middlesbrough FC, que se encontraba muy cerca de la zona de descenso. Empero, esa tarde Boro estuvo muy inspirado y a los 10 minutos de la segunda etapa ya estaba 4-1 arriba del líder en el marcador, gracias a un penal convertido por Walter Tinsley tras una fuerte falta del defensor visitante Billy Cook. Segundos después de la cuarta conquista, Cook metió otro brusco puntapié y el juez Harry Smith le comunicó su expulsión. Pero el zaguero, enfurecido por lo que consideraba un arbitraje parcial, se negó a salir de la cancha. Frente a la porfiada actitud de Cook, Smith suspendió el match. Días más tarde, la Football Association le dio por ganado el encuentro a Middlesbrough y suspendió a Cook por doce meses. Sin uno de sus futbolistas más importantes, Oldham perdió el envión victorioso y resignó el título a manos de Everton.

Motivados

Vila Nova Futebol Clube había caído a la Tercera División de Brasil y su situación era alarmante. Antes del comienzo de la temporada 1996, uno de los dirigentes, propietario de un lujoso hotel "romántico" de la ciudad de Goiania, que además era auspiciante del equipo, propuso a los jugadores regalar una noche sin cargo, champagne incluido, a quien fuera elegido por los hinchas como la figura de cada partido. La propuesta renovó los bríos de los muchachos: Vila Nova ganó invicto el Campeonato Brasileiro Série C.

A mediados de 2008, en la ciudad de Copenhague, el presidente de Football Club København de la primera división dinamarquesa, Flemming Østergaard, ofreció como "premio especial" a sus futbolistas dos películas porno por cada victoria. Los filmes eran producidos y distribuidos por la empresa BN Agentur, patrocinadora del club. København no sólo se quedó con el título de campeón, sino que ganó 23 de los 33 encuentros disputados. Como recompensa, cada jugador recibió 46 videos eróticos. No les alcanzaron las manos... ¡para llevarse el premio a casa!

Nigeria no arrancó con buen pie la Copa Africana de Naciones 2013, que se disputó en Sudáfrica. Sus dos primeros partidos en el Grupo C fueron dos empates 1-1 con Burkina Faso y Zambia. Con el equipo en serio riesgo de quedar fuera del campeonato, desde Lagos llegó un particular mensaje de aliento: la Asociación Nigeriana de Prostitutas ofreció a los futbolistas una semana de sexo gratis si la situación se revertía y se ganaba el certamen. La respuesta de los muchachos fue extraordinariamente positiva, ya que vencieron 2-0 a Etiopía en el último match de la primera fase, 2-1 a Costa de Marfil en cuartos, 4-1 a Malí en la semi y 1-0 a Burkina Faso —la revelación del torneo— en la final. No trascendió si las "Súper Águilas" pasaron a retirar el premio prometido por las chicas, pero no cabe ninguna duda de que el estímulo resultó muy efectivo.

Goles caros

El debut oficial de la selección de Francia fue un vibrante empate a tres ante su par de Bélgica, en Bruselas, el primero de mayo de 1904. En cambio, el primer partido "internacional" protagonizado por un combinado galo ocurrió un año antes, el 26 de abril, cuando un equipo conformado por once futbolistas parisinos con camiseta roja enfrentó un conjunto de estrellas inglesas vestidas de blanco. Esa tarde no hubo empate, aunque las dos escuadras se fueron muy contentas del Parc des Princes de la Ciudad Luz: los visitantes, por haberse impuesto por un inobjetable 11-0. Los locales, porque 984 personas habían pagado su entrada para ver el match. La taquilla ascendió a 1.246 francos antiguos, ¡una fortuna en esos tiempos!

El 22 de noviembre de 2009, el estadio White Hart Lane fue escenario de la segunda mayor goleada de la Premier League inglesa: Tottenham Hotspur FC 9-Wigan Athletic FC 1 (el récord era, al cierre de esta edición, Manchester United FC 9-Ipswich Town FC 0, en 1995). La dura derrota provocó la dimisión del entrenador visitante, Roberto Martínez, y un insólito gesto de los humillados jugadores: por iniciativa de su capitán, el holandés Mario Melchiot, los futbolistas decidieron devolver el importe de las entradas de los 400 hinchas que habían viajado desde Wigan —una localidad del Gran Manchester, en el noroeste de Inglaterra— hasta la casa de Tottenham, en Londres. "Somos un grupo de profesionales que se siente avergonzado por la forma en que actuamos. Lo hicimos muy por debajo de nuestro estándar y sentimos que debemos compensar, de alguna manera, a nuestros seguidores. Es un gesto a su extraordinaria lealtad", explicó Melchiot. Cada ticket había costado unos 25 dólares, por lo que el plantel de Wigan reunió diez mil dólares para sus agradecidos hinchas.

Una actitud parecida tuvieron los dirigentes de Arsenal FC en agosto de 2011, luego de que su escuadra fuera destrozada por Manchester United FC en Old Trafford por 8 a 2. Casi tres mil aficionados del equipo londinense fueron "compensados" con una entrada gratis para el siguiente encuentro fuera de casa. Un consuelo por haber viajado 680 kilómetros, entre ida y vuelta, para presenciar la peor derrota en 115 años, desde que el club de camiseta roja cayera 8-0 ante Loughborough AFC, el 12 de diciembre de 1896, por la segunda división inglesa.

En Italia, fue muy gravoso el castigo que recayó sobre los jugadores de Juventus FC, La Vecchia Signora. El 30 de mayo de 1993, por la fecha 33 de la Serie A, la poderosa escuadra de Turín fue goleada sin piedad, 5-1, en su visita al estadio Adriático del modesto club Pescara Calcio, que llevaba varias fechas descendido y esa temporada terminó en el último lugar de la clasificación. El papelón no fue gratis para figuras como el inglés David Platt, los alemanes Jürgen Kohler y Andreas Möller, el brasileño Júlio César o los italianos Gianluca Vialli, Roberto Baggio o Fabrizio Ravanelli: cada uno sufrió un descuento de 14 mil dólares de su salario por la vergonzosa paliza.

Olímpicos

El campo estaba pesado y helado. El invierno se sentía con fuerza en Brockville Park, el estadio del club escocés Falkirk FC, que el 21 de febrero de 1953 le hacía sentir el rigor a Celtic FC, su rival de la tercera ronda de la Scottish Cup. La escuadra local se había puesto 2-0 en sólo 18 minutos y amenazaba con propinarle a su oponente de Glasgow una goleada histórica. Sin embargo, el equipo verde y blanco logró capear el temporal e irse al descanso sin que Falkirk ampliara su ventaja. A los 8 del complemento, Celtic consiguió un tiro de esquina desde la derecha que tomó el norirlandés Charlie Tully, dueño de una exquisita zurda. Tully tomó dos pasos de carrera y sacó un preciso disparo que colocó el balón en el ángulo formado por el travesaño y el segundo palo, sin que el arquero Archie McFeat pudiera evitar la conquista. Golazo, aunque el árbitro Douglas Gerrard invalidó el tanto porque, según su opinión, Tully había colocado la pelota fuera del cuarto de círculo pintado en el rincón. Sin inmutarse ni ensayar protesta alguna, el lanzador celta volvió a acomodar el balón, esta vez claramente dentro del sector correspondiente, y ejecutó un tiro gemelo del anterior que, de nuevo, entró en el ángulo superior derecho a pesar del vuelo de McFeat. La magnífica "doble jugada" calentó a los ateridos hombres de Celtic, que empataron a los 59 mediante Willie

Fernie y consiguieron la victoria siete minutos después, con un gol de Jimmy Mc Grory.

En el torneo de Primera B argentino 1991/92, el delantero del Club Atlético San Miguel Jorge Almirón anotó dos goles olímpicos al arquero de CA Ituzaingó, Miguel Ángel Serrato. En este caso, los dos tantos fueron convalidados y San Miguel ganó por 2 a 1.

Durante la edición 1979 de la Copa Libertadores, Asociación Deportivo Cali de Colombia venció a Quilmes AC de Argentina 3-2, con dos goles olímpicos marcados por Ángel Torres y Ernesto Álvarez.

En enero de 1991, el volante Paul Comstive, de Bolton Wanderers FC, le marcó tres goles a AFC Bournemouth, dos de los cuales fueron producto de sendos corners.

Bernd Nickel, legendario jugador de Eintracht Frankfurt de Alemania, era un eficiente ejecutante de tiros de esquina. A lo largo de su carrera, consiguió goles olímpicos desde los cuatro ángulos del estadio de "las águilas", Commerzbank-Arena, popularmente conocido como Waldstadion. Sus víctimas fueron FC Bayern München (22 de noviembre de 1975), Fußball-Club Kaiserslautern (19 de abril de 1980), Sport-Verein Werder von 1899 E.V. Bremen (14 de noviembre de 1981) y Düsseldorfer Turn-und Sportverein Fortuna 1895 (15 de mayo de 1982).

Se dice que el fallecido delantero turco Sükrü Gülesin anotó 32 tantos olímpicos en su prolífica carrera por los clubes Besiktas J.K., Galatasaray S.K., USC Palermo y S.S. Lazio.

En marzo de 2004, Mark Pulling, jugador de Worthing FC —un club que participa en la Isthmian League, un torneo semiprofesional de la región sudoeste de Inglaterra— le clavó a Corinthian-Casuals FC... tres goles desde el mismo ángulo. Claro que Pulling, además de una excelsa pegada, contó con la ayuda de un fuerte y constante viento para alcanzar esta insólita tripleta.

Belleza

Con la pierna derecha, con la izquierda, con la cabeza, con el pecho, con la mano (si el árbitro y sus asistentes no advierten la trampita). Con la pelota en movimiento, de tiro libre, de penal. Desde adentro del área o desde afuera. A favor o en contra. Muchas son las vías y las formas para llegar al gol, definido como "el orgasmo del fútbol" por el escritor uruguayo Eduardo Galeano. Aunque, desde luego, algunas son extravagantes, como la que ocurrió en el Campeonato Paulista de 1962, cuando Santos FC recibió a Guarani FC en el estadio Urbano Caldeira de Santos (también conocido como Vila Belmiro, el nombre del barrio en el que se encuentra). Pelé, "10" del equipo local de camiseta blanca, recibió el balón dentro del área, lo levantó y realizó tres sombreros consecutivos sobre las cabezas de tres atónitos defensores. Tras superar al último zaguero, y sin permitir que la pelota tocara el suelo, "O Rei" disparó con su pierna derecha un pelotazo que pegó en el travesaño, rebotó en el suelo y salió lejos de la red. Un jugador de Guarani pretendió continuar la jugada, mas el referí João Etzel señaló el centro de la cancha. "El equipo entero de Guarani se echó encima de él para reclamar que la bola no había sobrepasado la línea —contó el propio Pelé años más tarde— Para acabar con la discusión, el juez gritó: 'Aunque no haya entrado, yo doy el gol porque la jugada fue muy bella. Fue gol de Pelé y punto'. Si no lo hubiera escuchado yo mismo, no lo hubiera creído".

Luciano Wernicke

Expulsión sobre ruedas

Se habían cumplido los noventa minutos y Ghana, la selección local, perdía la semifinal de la Copa Africana de Naciones 2008 ante Camerún, en el bullicioso estadio Ohene Djan Sports, de Accra. Ese 7 de febrero de 2008, los Leones Indomables defendían con uñas y dientes una victoria importantísima sostenida en un gol de Alain Nkong, a los 71. En el comienzo del breve período adicionado, el defensor visitante Rigobert Song quedó tendido en el césped luego de chocar contra su propio arquero, Idriss Kameni, y el atacante rival Junior Agogo. De inmediato, un carrito con auxiliares ghaneses entró a la cancha para retirar al capitán camerunés y permitir que el juego se reanudara rápidamente. Pero, entre los asistentes y Song se interpuso, furioso, otro de los zagueros visitantes, Andre Bikey-Amougou, quien comenzó a sacar a empujones a los intrusos, uno de los cuales terminó enterrado de cabeza en la hierba. El árbitro marroquí, Abderrahim El-Arjoun, fue terminante al aplicar el reglamento y echó al desubicado defensor visitante. Camerún completó su victoria y clasificó para la final, aunque allí, sin la vital presencia del suspendido Bikey-Amougou, cayó 1-0 ante Egipto.

Tripleta

La derrota 2-1 de Dundee FC en su visita a Clyde FC, el 16 de diciembre de 2006 por la Scottish Football League First Division, segunda categoría escocesa, puso muy nervioso al delantero Andy McLaren. A pesar de que todavía quedaba tiempo para igualar el tanteador —restaban dos minutos para los 90 y al menos otros tres de recuperación—, McLaren se olvidó del arco rival y le zampó un trompazo a su rival Eddie Malone. La artera acción fue advertida por el árbitro, Dougie McDonald, quien extrajo su tarjeta roja para echar del terreno al patotero jugador visitante. Pero McLaren, un hombre que ya había tenido problemas con las drogas y el alcohol, no se sació y fue por más: antes de cruzar la línea de cal del estadio Broadwood, estampó su puño en el rostro del defensor de Clyde Michael McGowan. Mientras el boxeador era sacado por sus propios compañeros y algunos auxiliares, McDonald se acercó y volvió a mostrar el acrílico colorado al futbolista que ya había expulsado. Mas los incidentes no terminaron allí. Finalizado el juego, sin que se modificara el tanteador, McLaren corrió hacia el vestuario del referí para intentar aliviar el lapidario informe que, sospechaba, iba a destrozar su carrera. Pero, al encontrarse con la puerta cerrada y la negativa a dialogar de McDonald, el delantero lanzó una violenta patada que agujereó la puerta del camarín. El árbitro salió al pasillo exhibió su tarjeta bermellón a McLaren por tercera vez en esa misma tarde. Por supuesto, McDonald, quien no era ningún estúpido, desplegó su innecesario gesto mientras el furioso Andy era sujetado por una docena de policías. Cuatro días más tarde, McLaren sufrió un durísimo revés: el tribunal de penas lo suspendió por ocho fechas y su propio club cortó de cuajo su contrato. Los directivos no le perdonaron que el nombre Dundee FC quedara pegado al del único futbolista de la historia que recibió tres rojas en un solo partido.

Echado por destrozón

En 1975, Athlone Town FC recibía a Saint Patrick Athletic FC en Saint Mel's Park por la liga de Primera irlandesa. Aburrido por el notable dominio de su equipo, el arquero local, Mick O'Brien, empezó a colgarse del travesaño para matar el aburrimiento, hasta que logró sentarse sobre el "horizontal". Pero el madero, algo gastado, no soportó el peso de O'Brien y se partió. El arquero quedó tendido encima de la red de la valla destruida y el árbitro, que ya había observado la reprochable conducta de O'Brien, le mostró la tarjeta roja. El encuentro continuó luego de que un carpintero local arreglara el larguero quebrado.

Rojas veloces

Decenas de futbolistas en todo el mundo se han ganado la tarjeta roja sin tocar siquiera el balón, por insultar o agredir a un rival antes de entrar en juego. En primera división, el más rápido fue el brasileño Zé Carlos, de Cruzeiro Esporte Clube, quien fue expulsado a los 7 segundos de iniciado el clásico de Minas Gerais ante Clube Atlético Mineiro, por una violenta falta. La tarde del 12 de julio de 2009, apenas sonó el silbato en el estadio Mineirão, Zé Carlos cruzó la raya central y le metió un codazo a Renan, uno de sus rivales. El árbitro, Paulo Cesar Oliveira, le mostró la roja sin hesitar. Con un hombre de más todo el partido, Atlético Mineiro se impuso 0-3 y trepó así a la punta del "Brasileirão". El delantero de Cruzeiro pulverizó, así, el récord de Guiseppe Lorenzo, de Bologna FC 1909, quien había visto el cartón bermellón a los 10 segundos ante Parma FC, el 9 de diciembre de 1990.

El récord dentro del fútbol profesional, aunque en una categoría de ascenso, se produjo el 28 de diciembre de 2008 en la Southern Premier Division inglesa. Ese día, apenas se inició el partido entre Chippenham Town FC y Bashley FC, el delantero local David Pratt salió disparado hacia el campo opuesto y le lanzó un planchazo al mediocampista visitante Chris Knowles. El referí Justin Amey extrajo de inmediato su tarjeta colorada y dejó a Chippenham Town con uno menos a los 3 segundos. Bashley aprovechó la ventaja y se impuso 1-2.

¿Puede una expulsión ser todavía más veloz? Claro que sí, aunque para ello debió ocurrir una de las situaciones más bizarras de la historia del fútbol. El 8 de octubre de 2000, para dar inicio al choque Taunton East Reach Wanderers-Cross Farm Celtic, por la tercera división de la Sunday League de Taunton, en el sur de Inglaterra, el árbitro Pete Kearle sopló con fuerza su silbato sin advertir que se encontraba apenas a unos centímetros del oído de uno de los jugadores, el delantero visitante Lee Todd. El muchacho, que aguardaba de espaldas el comienzo del match, saltó sorprendido por el estridente pitazo. "Mierda, joder, qué fuerte" gritó, palabra más, palabra menos, el aturdido Todd. El referí entendió que el joven de 22 años lo había insultado y en un rápido gesto hizo aparecer su acrílico rojo. Tan presuroso actuó el árbitro que la escena, aunque aquí parezca más extensa, se desenvolvió en sólo... ¡dos segundos! De nada sirvió que Todd jurara por sus ancestros que lo suyo no había un agravio hacia el juez, sino una simple expresión de sorpresa tras ser asaltado por el estrépito: Kearle no quiso dar marcha atrás a su decisión. Todd dejó la cancha y pocos días después sufrió un nuevo revés cuando la Football Association lo suspendió por 35 días y le aplicó una multa de 27 libras. Entre tanta desgracia, al delantero le quedó como consuelo que su equipo, con un hombre de menos todo el partido, obtuvo una sensacional victoria por 11 a 2.

Luciano Wernicke

Expulsado después de jugar

El veneciano Mattia Collauto, dueño de una vasta trayectoria de casi 500 partidos en las series B y C italianas, nunca olvidará la aciaga tarde del 7 de marzo de 1999 en el estadio Giovanni Zini. El mediocampista de US Cremonese, que había sido sustituido a los 66 minutos, optó por seguir viendo desde el banco de suplentes el encuentro que su club ganaba 0-1. En el segundo minuto adicional, Treviso FC igualó el duelo tras una polémica jugada. Irritado por entender que había existido una falta de un futbolista visitante en una acción previa a la conquista que equilibró el tanteador, Collauto volvió a meterse en la cancha para discutir con el árbitro. Bueno, en verdad no irrumpió para protestar, sino directamente para insultar al referí. El veneciano, de este modo, ¡recibió una tarjeta roja 26 minutos después de haber sido reemplazado!

Perdón en letras de molde

Los futbolistas del equipo suizo Fussballclub Sankt Gallen 1879 salieron con la cara colorada de vergüenza del estadio Sportpark Bergholz. La derrota 11-3 ante Fussball Club Wil 1900, ocurrida el 3 de noviembre de 2002, había golpeado muy duro en el ánimo de los humillados futbolistas. Para disculparse por el bochornoso papelón —justo en el clásico del cantón de Sankt Gallen, ante el "hermano menor"—, los jugadores y su entrenador, Thomas Staub, decidieron comprar una página entera del periódico local St. Gallen TagBlatt para expresar sus condolencias a los acongojados hinchas. "Nosotros, los jugadores del FC St. Gallen, hicimos el ridículo", rezaba el encabezamiento en letras de molde, acompañado por una fotografía del equipo y la firma de cada futbolista. "Sabemos que ustedes son los mejores fans de Suiza y los hemos defraudado. Lo sentimos mucho. Desgraciadamente, no podemos dar marcha atrás al reloj", agregaron los afligidos muchachos. De todos modos, la disculpa no debió haber sido muy costosa, si se tiene en cuenta que el diario St. Gallen TagBlatt era el auspiciante principal del equipo...

Luciano Wernicke

La sorpresa

La ansiedad revolvía a Tom O'Kane sobre su asiento del ferrocarril. El impaciente defensor sentía que, esa tarde-noche del 12 de septiembre de 1885, el convoy recorría con displicencia los 25 kilómetros que separan las ciudades de Dundee y Arbroath. O'Kane, fullback de Dundee Harp FC, no veía la hora de retornar a su pueblo para pavonearse frente a sus ex compañeros del club Arbroath FC —con quienes había terminado peleado a muerte—, por la tremenda paliza que su equipo acababa de propinarle a Aberdeen Rovers FC en la primera ronda de la Copa de Escocia: 35 a 0. O'Kane, quien se había atrevido a enviar un telegrama a Gayfield Park para humillar a sus antiguos camaradas, además tenía previsto fanfarronear con que el marcador había sido todavía más amplio: el referí había anotado 37 goles pero un directivo del mismo Harp, tal vez piadoso de sus modestos rivales del norte, le había advertido al hombre de negro que había hecho mal las cuentas, probablemente a causa de la ausencia de redes en los arcos, que se patentarían cinco años más tarde, y que "sólo" habían sido 35. Así, el número, el más gigantesco en la incipiente historia del fútbol británico, quedó sellado oficialmente. Apenas bajó del tren, O'Kane corrió hacia el estadio de Arbroath FC, donde su ex equipo acababa de enfrentar, también por la Copa nacional, a Bon Accord FC, casualmente otro conjunto de Aberdeen. El defensor casi se desmaya: sus ex camaradas habían destrozado a sus rivales por... ¡36 a 0! Divertidos por la extraña situación y la cara de O'Kane, los muchachos de Arbroath fueron por más: se quejaron de que el árbitro, Dave Stormont, les había anulado siete tantos por fuera de juego, con lo cual el marcador hubiera quedado 43-0. Asimismo, le dijeron que su arquero, Jim Milne, no sólo no había tocado la pelota sino que había seguido las acciones del desparejo match debajo de un paraguas alcanzado por un espectador para protegerse de la copiosa lluvia que no había dado tregua durante los 90 minutos.

La notable victoria de Arbroath —que se mantiene como la más amplia de la historia del fútbol británico— posiblemente se explique en que la federación escocesa se equivocó de equipo al formular su invitación al torneo. En lugar de convocar a Orion FC de Aberdeeen, la carta fue remitida por error a Orion Cricket Club, una institución de esa misma ciudad en la que no se practicaba fútbol. No obstante, los jugadores de cricket aceptaron el convite y se inscribieron como "Bon Accord", una expresión surgida durante las guerras de la independencia escocesa, para diferenciarse, justamente, del otro club Orion.

Otro dato increíble de esa jornada consiste en los resultados de muchos de los otros 47 partidos que se celebraron esa misma jornada: Alpha FC 6-Cambuslang Hibernian FC 8, Ayr FC 7-Maybole FC 0, Ayr Rovers FC 0-Dalry FC 8, Coupar Angus FC 2-Dundee Our Boys FC 8, Crieff FC 0-Dunfermline Athletic FC 7, Granton FC 0-Partick Thistle FC 11, Greenock Southern FC 1-Neilston FC 10, Hibernian FC 9-Edina Hibs FC 0, Kilmarnock FC 7-Annbank United FC 1, Kirkintilloch Athletic 0-Renton FC 15, Queen's Park FC 16-St. Peter's FC 0, Shettleston FC 1-Cambuslang FC 7, Strathmore FC

7-Aberdeen FC 0, Third Lanark A.C. 9-Shawlands FC 1, Thistle FC 11-Westbourne FC 1, Vale of Teith FC 9-Oban FC 1, son sólo los que, más de cien años después, parecen exagerados.

Finalmente, una rareza extra: como ocurrió con otros clubes o selecciones artífices de grandes goleadas citados en este capítulo, ni Arbroath FC ni Dundee Harp FC lograron llegar, siquiera, a los octavos de final: el primero goleó en segunda ronda a Forfar Athletic FC 9-1, en tercera a Dundee East End FC 7-1 y en la cuarta (16avos de final) cayó con Hibernian FC 5-3; el segundo venció sucesivamente a Dundee Our Boys FC 4-1 y a Vale of Teith FC 8-1, para luego ser aplastado por Vale of Leven FAC 6 a 0.

Compasivos

El 28 de febrero de 1980, con las tribunas del estadio mundialista de la ciudad de Mendoza vacías, CA Huracán, con uno de los mejores planteles de la primera división argentina, destrozaba al equipo semiprofesional local Gutiérrez Fútbol Club 12 a 0, en la final de la Copa Vendimia. Dante Adrián Sanabria (a los 4 y 34 minutos), Miguel Brindisi (18), Roque Avallay (19), René Houseman (33, 35, 41 y 46), Carlos Babington (45, de penal) y Juan César Silva (58, 60 y 73) establecieron en la red la abismal diferencia de calidad que había entre las dos instituciones que habían llegado a ese encuentro culminante. Cuando el equipo del "globito" señaló su decimosegundo tanto, un empleado del estadio Malvinas Argentinas, hincha de Gutiérrez, escribió en el gigante tablero electrónico del coliseo: "Basta de goles, por favor". El insólito ruego ablandó a los muchachos de Huracán que, tras leer la súplica emitida a través de ese inusual canal, se apiadaron de su débil rival y no volvieron a acercarse a su área en los 17 minutos que restaban para el final.

Prioridades

Los dirigentes y jugadores de la selección de Finlandia estaban fascinados con la posibilidad de conocer París, a tal punto que el partido correspondiente a la eliminatoria del Mundial de Chile 1962 fue tomado más como un viaje de turismo que como un duro choque futbolero. Los escandinavos, que ya habían caído en casa 1-2 con la escuadra gala y 0-2 con Bulgaria y estaban prácticamente eliminados, aprovecharon su primera vez en la "Ciudad Luz" para visitar los puntos más atractivos de la capital francesa, como la Torre Eiffel o el Arco del Triunfo, y asistir a un espectáculo de cabaret en el célebre "Casino de París"... la noche previa al encuentro. Tan poca importancia le dieron al match que ni siquiera alquilaron una cancha donde realizar un último entrenamiento. El 28 de septiembre de 1961, en el Parc des Princes, el efecto del champagne y la vida bohemia menoscabaron las piernas de los escandinavos para que Francia se impusiera sin esfuerzo por 5 a 1.

El souvenir

Fundado en 1880, Selkirk Football Club es uno de los equipos más antiguos de Escocia, aunque siempre actuó en torneos amateurs, como la East of Scotland Football League. En 1984, los jugadores de esta institución del pequeño pueblo de Selkirk, en el este del país británico, decidieron inscribirse en la prestigiosa Copa de Escocia. El sorteo de la primera fase determinó que su primer rival fuera Stirling Albion, un equipo profesional aunque en ese momento navegando en la segunda división. Aun en primera ronda, los muchachos de Selkirk decidieron afrontar el match como si se tratara de una final y se concentraron con varios días de antelación. La mañana del 8 de diciembre, el equipo amateur recorrió casi cien kilómetros para presentarse, con enorme expectativa, en el estadio Doubletree Dunblane de Stirling. Sin embargo, tanta esperanza se disipó en pocos minutos: el primer tiempo terminó 15-0 para los dueños de casa, que anotaron a través de ocho jugadores diferentes. Los inexperimentados futbolistas visitantes mejoraron un poco en la segunda mitad y sólo permitieron que les marcaran otros cinco tantos. A pesar de tanta malaria, el arquero de Selkirk, Richard Taylor, se fue con una sonrisa: sus rivales le regalaron la pelota del encuentro como souvenir.

Velatorios

Muchos hinchas fueron velados en campos de fútbol, pero sólo uno mientras se jugaba un partido de primera división. El 27 de marzo de 2011, durante el segundo tiempo del enfrentamiento Cúcuta Deportivo FC-Envigado FC en el estadio General Santander, por la octava fecha del torneo de Colombia, varios integrantes de la "Banda del Indio", la "barrabrava" de Cúcuta, eludieron los controles de seguridad policiales e ingresaron a la tribuna cargando un ataúd envuelto con un trapo rojo y negro, en cuyo interior estaba el cuerpo de un adolescente. "Alex no está muerto, sigue vivo aquí adentro", cantaban unos 200 hinchas. Cristopher Alexander Jácome Sanguino, de 17 años, había sido asesinado a tiros una semana antes durante una reyerta futbolera. El pibe recibió cuatro disparos cuando participaba en un match de fútbol-5 en el barrio Bellavista. Los miembros de la "Banda del Indio" tenían prohibido el ingreso al coliseo, por haber protagonizado numerosos hechos de violencia. Sin embargo, durante el segundo tiempo, los barras aprovecharon que una reja se abrió y pasaron con el cajón a cuestas sin ser contenidos por los uniformados. El presidente de la Corporación Nuevo Cúcuta Deportivo, Álvaro Torrado Sagra, se despegó del incidente y responsabilizó a "la Policía Nacional" por ser "la encargada de la seguridad del espectáculo".

La madre del muchacho, al ser entrevistada por el diario local "El Tiempo", aseveró que autorizó el insólito velatorio porque "él quería que así fuera su despedida". Cuando el referí marcó el final del juego (1-1) el cortejo trasladó el ataúd hasta la casa de la familia del muchacho, para ser sepultado al día siguiente.

Un episodio similar ocurrió en octubre de 2012 en el estadio del equipo argentino Quilmes AC, aunque durante un encuentro de Reserva ante CA Unión de Santa Fe, que se desarrollaba sin público. En este caso, el féretro correspondía a un joven que había muerto durante un enfrentamiento a tiros, aparentemente entre dos bandas rivales de un precario asentamiento. El chico, además, era hijo de uno de los líderes de la "barra brava" quilmeña. La procesión fúnebre se desarrolló en una de las tribunas cabeceras a los 10 minutos del segundo tiempo del match. El arquero de Unión, Joaquín Papaleo, salió corriendo hacia el centro del campo, muy asustado. Luego, en su cuenta de la red social Twitter, aseguraría que los intrusos "tiraron un par de tiros" mientras homenajeaban al chico fallecido. El partido fue interrumpido y sólo se reanudó cuando el cortejo abandonó el estadio. El senador Aníbal Fernández, presidente de Quilmes y ex jefe de Gabinete de Cristina de Kirchner, sostuvo durante una entrevista radial: "No veo que se haya hecho nada malo".

Sanción inoportuna

El pequeño estadio toscano "Alberto Benedetti" hervía la tarde del 7 de marzo de 2010: Unione Sportiva Borgo a Buggiano 1920 empataba sin goles con la visita, Football Club Fossombrone —de la vecina provincia de Pesaro y Urbino—, y se diluían sus posibilidades de ganar la zona regional del Campionato Nazionale Dilettanti, la "Serie D" italiana. A los 15 minutos del segundo tiempo, el árbitro Andrea Bonavia sancionó un polémico penal y expulsó al arquero local Matteo Cherubini. El capitán de Fossombrone, el volante Francesco Marianeschi, fusiló al portero suplente Matteo Costa y en las tribunas los hinchas azules explotaron para insultar al referí, al que responsabilizaban por la derrota parcial. Uno de los más exaltados era Roberto Luporini, dirigente de Borgo a Buggiano, quien, en medio de la protesta, sufrió un infarto y murió poco después al borde del campo de juego. La trágica noticia se disparó rápidamente al césped, donde los acongojados jugadores locales suplicaron a Bonavia que detuviera las acciones. El juez consultó al "capitano" rival, Marianeschi, y con su anuencia suspendió el encuentro a los 71 minutos. Sin embargo, al evaluar lo ocurrido, el Comité de Competición emitió tres días más tarde un fallo desconcertante: dio por perdido el partido a la escuadra local, la penalizó con el descuento de otro punto y le aplicó una multa de mil euros por entender que sus futbolistas habían abandonado la cancha sin una razón válida. El cuerpo no consideró el fallecimiento de Luporini como un motivo "de fuerza mayor" que justificara la suspensión del match y castigó sin más al equipo toscano. La directiva de Borgo a Buggiano no se quedó de brazos cruzados y se presentó ante la Corte de Justicia Federal, en Roma, para quejarse por lo que estimaba una exageración. Después de analizar todo lo ocurrido, el alto tribunal desestimó la resolución del comité y ordenó la reanudación del juego. El 28 de abril, los muchachos de Football Club Fossombrone volvieron a recorrer unos 200 kilómetros para regresar al "Alberto Benedetti" y completar con sus colegas de Bordo a Buggiano y un nuevo árbitro, Fabio Ghellere, los 19 minutos que restaban desde la cancelación. Con diez jugadores, el conjunto local no pudo dar vuelta el marcador, que no se modificó. Pero, al menos, se dio el gusto de homenajear "en la cancha" a su querido Luporini.

Omertà

Pasqualino Arena, presidente del club ASD Isola Capo Rizzuto 1966, se acercó al joven referí, Paolo Zimmaro, y con lágrimas en los ojos le rogó que, antes de que comenzara el encuentro con Strongoli Calcio, hiciera un minuto de silencio para recordar a su primo, Carmine Arena, fallecido unos días antes y fanático "tifoso" de la escuadra de camiseta blanca con vivos rojos y amarillos. Zimmaro se compadeció del dirigente y, con los dos equipos formados en sus respectivos campos, pitó el homenaje ese 4 de octubre de 2004, en la previa del duelo correspondiente al Grupo A del campeonato Promozione de la región de Calabria, en la punta de la bota itálica. Por supuesto, el ingenuo árbitro —un inexperto joven de 20 años, estudiante de ingeniería— ignoraba que el finado no había sido en vida un simple e inocente hincha, sino un "capo" de la 'Ndrangheta, la poderosa mafia calabresa, ¡asesinado con tres disparos de bazooka y varias ráfagas de fusiles automáticos kalashnikov mientras conducía su automóvil blindado! El incidente llegó rápidamente a oídos del fiscal de Crotone Franco Tricoli, quien, si bien repudió que se distinguiera a un mafioso durante un encuentro deportivo, reconoció que el referí había sido sorprendido en su buena fe. "Me hicieron la petición justo cuando estábamos bajando al campo. Me dijeron que había muerto una persona cercana al club y sólo al final del partido me enteré de la verdad", admitió Zimmaro ante el comité regional de árbitros. El joven no fue procesado por Tricoli, pero sí suspendido junto a sus jueces de línea por haber permitido el homenaje sin autorización.

Respeto castigado

Argentino del Sud y CA Almagro debían enfrentarse el 30 de junio de 1929 por la última fecha del torneo de primera división de la Asociación Amateur Argentina de Football. Sin embargo, al llegar al estadio de Argentino, en la localidad de Sarandí, los integrantes de ambos equipos se enteraron de que el día anterior había fallecido Adrián Beccar Varela, presidente de la entidad madre del fútbol (cinco años más tarde sería rebautizada como Asociación del Fútbol Argentino, su nombre actual). Como homenaje al dirigente muerto, en vistas de que el partido no tenía gran importancia para las dos escuadras —no peleaban el título y ya se habían salvado del descenso—, los jugadores acordaron suspender el encuentro en señal de luto. Increíblemente, el loable gesto fue duramente cuestionado por... ¡la Asociación Amateur Argentina de Football! En un fallo en extremo severo, la institución resolvió dar por perdido el encuentro a los dos clubes, por haber decidido la cancelación sin consultar a la institución. Los equipos no protestaron. Optaron por un piadoso minuto de silencio.

La expulsión

A mediados de la década de 1990, en la ciudad española de Salamanca sucedió un caso asombroso. Mientras se enfrentaban dos combinados de menores de 16 años, un perro que no quiso ser menos que los adolescentes cruzó la línea de cal para correr detrás de la pelota. La atrevida acción fue interrumpida por el árbitro, quien llamó al invasor con su silbato y le mostró la tarjeta roja. El bicho sorprendió a todos con su aparente conocimiento de las reglas del juego: al ver el acrílico colorado, dio media vuelta y, sin chistar (ni ladrar), se retiró por la línea final.

Gol fantasma

Para los jugadores rumanos, la derrota ante Israel (0-1, el 18 de marzo de 1998) tenía una explicación en extremo "racional": la cancha elegida por la federación para ese amistoso, de preparación para el Mundial de Francia 1998, Stadionul Steaua, estaba maldita. "Acá hay una atmósfera lúgubre", le aseguraron los futbolistas a su entrenador, Anghel Iordănescu. Varios de ellos creyeron haber visto fantasmas correteando por la cancha. Los muchachos atribuían la sombría situación a que el Stadionul Steaua se encontraba junto a un cementerio y dijeron que no querían volver a ese lugar, temerosos de que el poder de los espectros elucubrara un conjuro que los hiciera fracasar en la Copa. Los dirigentes y el técnico, tan supersticiosos como los jugadores, accedieron y buscaron otro escenario para el siguiente encuentro de práctica, ante Grecia el 8 de abril: la Arena Națională. Allí, sin terroríficos espíritus dando vueltas por la cancha, Rumania ganó ese partido 2-1 y, en Francia, la escuadra del este de Europa terminó primera e invicta en su grupo, delante de Inglaterra, Colombia y Túnez.

La suspensión

La patada lanzada por Luiggi Coluccio, defensor de L'Unione Sportiva Gioiosa Jonica, al delantero de ASD Bocale Calcio fue tremenda. La "roja directa" estuvo harto justificada esa tarde del 29 de octubre de 1995, en la que ambos equipos se enfrentaban por el campeonato Promozione de Calabria. Tres días más tarde, cuando Coluccio, de 23 años, estaba solo cerrando su bar, dos hombres armados se presentaron en su establecimiento y lo asesinaron con disparos de escopeta. El crimen, según la policía, estuvo vinculado a un presunto ajuste de cuentas de la 'Ndrangheta. Otra vez. La organización mafiosa ya había incendiado un restaurante y un pequeño supermercado a la misma familia, y un hermano de Luiggi, Pasquale, había recibido una herida de bala en un brazo. Nueve días después del crimen, tras analizar el informe del árbitro, la federación decidió suspender por un partido... ¡al muerto! El titular de la comisión regional, Nino Cosentino, explicó que "el mecanismo disciplinario es inflexible" y "ya se había puesto en marcha" con la planilla que había completado el referí antes del homicidio. Para repudiar el sangriento asesinato, los futbolistas de U.S. Gioiosa Jonica enfrentaron en su siguiente partido a A.S. Sambatello Calcio con brazaletes negros. Y, para cumplir el ridículo veredicto, dejaron la camiseta "2" en el vestuario. El reemplazante de Coluccio vistió la "14". Gioiosa Jonica ganó 1-0 gracias a un gol anotado en el último minuto. Los muchachos celebraron mirando hacia el cielo.

Luciano Wernicke

Las piedras del descenso

A fines de 1894, el panorama estaba muy difícil para Walsall Town Swifts FC, "padre" del actual Wallsall FC y uno de los fundadores de la segunda división inglesa. Este club necesitaba con urgencia un triunfo para desentenderse del descenso —en realidad, con la desafiliación para los que terminaban al fondo de la tabla de la que, en ese momento, era la última categoría profesional— y el 29 de diciembre de 1894, ante Newcastle United FC, una victoria valía tanto como el oro. Sin embargo, el primer tiempo fue desastroso para los dueños de casa: primero, porque uno de sus hombres, Robert Willis, sufrió una lesión que lo obligó a abandonar la cancha; segundo, porque con un hombre de más, "las urracas" se hicieron un festín y se retiraron victoriosas al descanso, 0-3. En el complemento, Walsall salió a vender cara su derrota y, a pesar de la desventaja numérica, en pocos minutos logró descontar dos veces y colocarse a centímetros del empate. A los 78 minutos, cuando la igualdad parecía un hecho, un negro nubarrón cubrió el cielo y descargó una vehemente granizada. La furia de la tormenta expresada en enormes piedras de hielo obligó al referí a suspender el partido, para preservar la salud de los futbolistas. Pocos días después, la Football Association resolvió cristalizar el resultado a favor de Newcastle, fallo que fue apelado por los directivos del equipo derrotado, que consideraban que todavía quedaban 12 valiosos minutos para revertir la derrota. Empero, tras un segundo análisis, la entidad ratificó su decisión. Al finalizar la temporada, Walsall se hundió en el último de los tres descensos a pesar de sumar los mismos puntos que Lincoln City FC, que conservó su lugar en la divisional gracias a una mejor diferencia de goles a favor. Un año después, este club retornó a la segunda división, aunque con un nuevo nombre: Walsall FC. El "Town Swifts" había quedado sepultado bajo una fría capa granizada.

Dile a la lluvia

Ya se ha visto aquí que, cuando la lluvia es abundante mas no suficiente para ahogar el ardor futbolero, suelen surgir extrañas (y húmedas) situaciones. En 1899, los clubes de Bruselas Racing Club y Athletic and Running Club se enfrentaron por el torneo de primera división de Bélgica en medio de un copioso aguacero que sólo motivó a tres espectadores. El equipo visitante se impuso por 0-3, de modo que el partido tuvo un promedio de... ¡un gol por espectador!

CA Talleres de Córdoba y CA Rosario Central comenzaron con media hora de demora su encuentro del 25 de abril de 1999, por la novena fecha del Torneo Clausura argentino: una tormenta había borrado las líneas demarcatorias de la cancha, que debieron pintarse nuevamente un ratito antes del pitazo inicial.

Lesión bienvenida

Nada odian más los futbolistas que las lesiones y los golpes. Sin embargo, a veces un porrazo puede resultar muy bienvenido, como el fortísimo impacto de un pelotazo contra el rostro de Khiat Ahmed. En 1961, Ahmed, de 20 años, había perdido la voz cuando un proyectil explotó a su lado durante un combate de la "Guerra de la Liberación" que Argelia promovió para independizarse de Francia. Tres años más tarde, en medio de un partido de primera división de esa nación del norte de África, el muchacho —devenido futbolista— recibió un violento balonazo que lo derribó y aturdió varios minutos. Cuando Ahmed se recuperó, ¡milagro! ¡Había recuperado el habla! ¿Sus primeras palabras? Durísimos insultos para el árbitro por un presunto mal fallo.

Pelotazo

"Si vuelves a marcar, va a ser el último gol de tu vida", le advirtió el fiero defensor de Altrincham F.C. con acritud. Un ultimátum demasiado cruel para un partido de juveniles inglés en 1924. Sin embargo, William "Dixie" Dean, promesa descollante de Tranmere Rovers F.C., no se amedrentó y, pocos minutos después, volvió a enviar la pelota a la red. Fue su último contacto con el balón: la jugada siguiente, el salvaje zaguero cumplió su amenaza y le aplicó una despiadada patada en la entrepierna. Dean cayó fulminado, doblegado por el dolor. Un compañero de equipo intentó frotarle la zona golpeada, mas el delantero le gritó: "No lo froten, córtenlo". El muchacho fue hospitalizado de inmediato y debió afrontar la extirpación de un testículo, reventado por la bestial infracción. Pero Dean se recuperó y, en vez de acobardarse, desató una enorme carrera con 447 partidos de liga y 390 tantos, además de 18 gritos en 16 juegos con la selección de Inglaterra. Dean sigue siendo el dueño del récord de goles en una sola temporada del fútbol inglés: con la camiseta de Everton F.C., marcó 60 en el campeonato 1927/28.

Se rompen pero no abandonan

Hasta 1970, cuando la FIFA autorizó las sustituciones de jugadores, muchos futbolistas se vieron obligados a permanecer dentro de la cancha para no dejar su equipo en inferioridad numérica, aun padeciendo lesiones terribles. Algunos casos emblemáticos correspondieron al torneo más importante, la Copa del Mundo. En los cuartos de final de Francia 1938, el arquero checo Frantisek Planicka se mantuvo firme bajo los tres palos, ante Brasil, aunque había sufrido una fractura. Algunas versiones aseguran que se había roto el radio de uno de sus brazos; otras, una clavícula. El portero soportó estoico el segundo tiempo y el alargue, que se extinguió con un empate. Dos días más tarde, para la revancha, Planicka fue reemplazado por Karel Burket.

En la semifinal de Suiza 1954, el argentino nacionalizado uruguayo Juan Hohberg se negó a dejar el campo de juego ante Hungría, a pesar de haber sufrido un infarto, y en Chile 1962, otro "oriental", Eliseo Álvarez, siguió corriendo detrás de la pelota con una fractura del peroné de la pierna izquierda.

Estas medidas extremas pueden justificarse por la trascendencia del certamen y el veto a los cambios. Tal vez no se entienda por qué el volante portugués del equipo español Valencia CF, Manuel Fernandes, haya jugado 75 minutos con el peroné roto. Fernandes se lastimó a los 15 minutos del choque con Getafe CF, el domingo 5 de abril de 2009. A pesar de haber notado un dolor en su tobillo izquierdo, el mediocampista lusitano pudo terminar el match, sostenido en la tibia (el hueso más grueso de la pantorrilla), su desarrollada masa muscular y el vendaje preventivo que usan los futbolistas. Cuando el médico del club valenciano, Antonio Giner, diagnóstico la quebradura, Fernandes fue operado y se perdió el resto de la temporada.

En 1999, el arquero de Club Nacional Fútbol de Uruguay, Gustavo Munúa, jugó todo el superclásico ante CA Peñarol, por la Copa Mercosur, con una fractura en el antebrazo izquierdo. Munúa se había lesionado varios días antes, en un partido de la liga local contra Club Deportivo Maldonado, al chocar contra un rival. A la mañana siguiente de ese encuentro, el portero notó una molestia, pero el médico de Nacional sólo le recetó hielo para desinflamar la extremidad dañada. Tras el duelo con Peñarol, el guardameta descubrió que la hinchazón se había agravado, por lo que recurrió a otro especialista, un traumatólogo. Este experto advirtió de inmediato el problema y operó ese mismo día al arquero del seleccionado "charrúa" subcampeón en el Mundial Juvenil de Malasia 1997.

Un mes después de la peripecia de Munúa, Claudio Arzeno, defensor argentino de Real Racing Club de Santander de España, marcó un gol con la cara frente a Reial Club Deportiu Espanyol de Barcelona. El impacto con la pelota no sólo derribó al ex zaguero de Independiente, sino que le fracturó la nariz. Tras ser asistido por el médico del plantel cantábrico, Arzeno se repuso y continuó dentro del terreno de juego los 65 minutos que restaban para el final del match. "Ni se me pasó por la cabeza dejar el campo. Pensé que no era nada, ya que podía respirar por la boca", explicó el central al término del encuentro, empatado en dos goles.

En uno de los cotejos de la gran campaña de 1960, que le permitió a su equipo, CA Los Andes, lograr el ascenso a la primera división argentina, el arquero León Goldbaum fue atropellado por un jugador del equipo contrario. El golpe le fracturó tres costillas y lo sentenció a utilizar un yeso. Pero a Goldbaum nada lo achicó: al sábado siguiente se calzó el buzo con el número "1" arriba de la durísima caparazón y salió a la cancha con sus compañeros.

Seguimos con arqueros, porque en agosto de 2009 al guardameta argentino de Asociación Club Deportivo Cali, Sebastián Blázquez, le diagnosticaron una quebradura de peroné... ¡dos semanas después de ocurrida la lesión! Para colmo, en ese período, Blázquez intervino en dos partidos, convencido de que sólo se trataba de una contractura muscular. "En ningún momento me imaginé que había jugado dos partidos con semejante lesión", reconoció el arquero. La fractura ocurrió el 18 de agosto, en un entrenamiento previo a un match contra Club Universidad de Chile, por la Copa Sudamericana. "Me pegaron una patada en el peroné izquierdo, a media altura de la pierna, fue como un chiste de un compañero que me quiso hacer perder estabilidad. Yo pensaba que sólo era un golpe, ni pensaba en un hueso roto. Me infiltré (para jugar contra Universidad de Chile) pero terminé con mucho dolor. En la semana mejoré un poquito y al domingo siguiente (23 de agosto) enfrenté a Quindío. En el primer tiempo no tuve problemas, pero a los 15 minutos del segundo empecé a sentir dolor y pedí salir". La semana siguiente, relató el arquero, "seguimos con la recuperación, trataba de trabajar. Llegó el jueves y no mejoraba para poder jugar ante Tolima (30 de agosto) y me dieron descanso. Pensábamos que sin exigirme podía mejorar". En los primeros días de octubre, como el malestar persistía, "hicimos una resonancia magnética y salió que tenía fractura, el hueso roto de punta a punta". Un récord increíble.

Punto de quiebre

Un episodio anormal tuvo como escenario la cancha del equipo francés Association Sportive Nancy-Lorraine a mediados de 1971, durante un partido de primera división: en la primera etapa, dos defensores, Jean Pierre Borgoni y René Woltrager, chocaron entre sí y se quebraron la pierna derecha y la cadera, respectivamente. La desgraciada jornada se extendió en el complemento, porque el arquero Jean Paul Krafft se fracturó el cráneo al colisionar con otro compañero, Eddy Dublin.

Bobby Blackwood, zaguero del equipo inglés Colchester United FC, se fracturó la mandíbula en agosto de 1966 tras chocar contra Les Allen, delantero de Queen's Park Rangers FC en un juego de Tercera División. Tras una recuperación de cuatro meses, Blackwood regresó a la cancha casualmente ante QPR. ¡El defensor volvió a fracturarse la mandíbula en una nueva colisión con Les Allen!

La victoria que CA River Plate consiguió por 3 a 1 ante su archirrival CA Boca Juniors, el 19 de noviembre de 1933, tuvo un sabor muy especial, porque el millonario debió actuar con un hombre menos durante 80 minutos, ya que entonces no estaban permitidas las sustituciones. A los 10 minutos, el defensor Roberto Basílico se fracturó un brazo tras chocar con el delantero xeneize Francisco Varallo. Esta fatalidad fue muy curiosa porque el zaguero, en el "Superclásico" anterior, jugado el 2 de julio, se había quebrado la clavícula tras ser embestido por... ¡Varallo!

El árbitro francés Patrick Lhermite es un buen ejemplo de que los referís no están exentos de ser blanco de complicaciones. El 20 de abril 2003, durante un partido de "Le Championnat" entre las escuadras Association de la Jeunesse Auxerroise y Le Havre Athletic Club Football Association, Lhermite fue atropellado de forma accidental por un futbolista y sufrió una doble fractura de tibia y peroné. El juez debió ser retirado en camilla y reemplazado por el cuarto árbitro, Jean Marc Rodolphe, quien completó la media hora de juego que restaba.

En este sentido, más sorprendente es lo que ocurrió con Eli Cohen, técnico del club israelí Hapoel Akko AFC. El 21 de septiembre de 2011, mientras se jugaba el primer tiempo de un match entre este conjunto y Hapoel Tel Aviv FC por la primera división de ese estado de Oriente Medio, uno de los defensores de Akko, Roei Levi, detuvo un avance rival con un violento despeje hacia la tribuna. Bueno, no exactamente, porque el balón, en lugar de caer en las gradas, dio de lleno en el brazo de Cohen, su propio entrenador, quien estaba parado detrás de la línea de cal y a sólo un par de metros del impulsivo Levi. El golpe fracturó un par de huesos de la mano de Cohen, quien de ningún modo se dejó amedrentar por el percance: Para el segundo tiempo, volvió al banco de suplentes con un aparatoso vendaje. Lo que la prensa no difundió es qué le dijo el técnico a su dirigido durante el descanso.

Curry maldito

Levi Foster, volante del club amateur inglés AFC GOP, vio que el árbitro Bunny Reid se había agachado a su lado para atarse los cordones. Con la picardía oportunista de un alumno travieso, Foster giró unos grados y, cuando su cola estuvo a la altura de la cabeza del referí, lanzó un sonoro y apestoso pedo. Reid se incorporó furioso. Aunque el jugador esgrimió una absurda disculpa —"Perdón, anoche cené curry"—, el árbitro sacó su tarjeta amarilla y amonestó al atrevido mediocampista. Foster fue luego suspendido por el tribunal de disciplina por dos fechas por "actitud injuriosa" hacia el juez. Si su falta ameritó una sanción tan severa, ¿por qué Reid no lo expulsó? El reglamento establece que un futbolista que incurre en una "conducta antideportiva" puede ser amonestado o expulsado. El castigo debe ser interpretado por el referí, una disposición tan volátil que, a lo largo de la historia del deporte, ha generado un sinnúmero de insólitas situaciones "amarillas", tan curiosas como la relatada, que sucedió en la ciudad de Portsmouth noviembre de 2009.

Católico

En marzo de 1996, a segundos del comienzo del partido entre los conjuntos Rangers y Partick Thistle, válido por la máxima categoría de Escocia, el delantero visitante Rod McDonald, católico él, se persignó. El atacante efectuó la "señal de la cruz" un poco por convicción religiosa, otro poco por cábala, que repetía antes de cada match. Sin embargo, el referí Jim McGilvray consideró que su gesto había sido ofensivo para los miles de hinchas protestantes que ocupaban las tribunas de Ibrox Park y, antes de pitar el inicio del match, se acercó al atacante de Partick Thistle y lo amonestó.

Gascoigne, el bufón

Un año antes, en el mismo escenario —aunque en un choque entre Rangers e Hibernian—, al árbitro Dougie Smith se le cayó su tarjeta amarilla durante el juego. El acrílico fue tomado del césped por el vivaracho Paul Gascoigne, quien vio servida en bandeja una pequeña broma: el volante inglés se acercó a Smith e, imitando los gestos del árbitro, lo "amonestó" con su propia tarjeta, que luego le devolvió. El chiste provocó risas a los hinchas, pero no al referí: apenas recibió su tarjeta, se la exhibió al gracioso de Gascoigne, en una actitud más propia de la Ley del Talión —aquella que imponía como castigo el "ojo por ojo, diente por diente"— que del reglamento del fútbol.

Ametralladora amarilla

El 3 de noviembre de 1969, dos equipos de la liga de la ciudad inglesa de Surrey, Tongham Youth Club y Hawley, protagonizaban un partido absolutamente tranquilo. Empero, para los ojos del árbitro John Mc Adam, los jugadores actuaban con excesiva violencia. A lo largo del encuentro, el juez mostró la tarjeta amarilla a los 22 protagonistas. Cuando uno de los líneas se le acercó para manifestar su disconformidad, ¡también fue amonestado por Mc Adam!

Luna de miel

El defensor chileno Ronald Fuentes analizó el calendario y le propuso a su novia casarse a principios de enero de 1997. Fuentes le explicó a su enamorada que, cuando la "Roja" enfrentara a Argentina en Buenos Aires, por las eliminatorias para el Mundial de Francia, se iba a hacer amonestar porque, como ya contaba con otra "amarilla", recibiría una fecha de suspensión y podrían así partir juntos y libres de "Luna de Miel". El 15 de diciembre de 1996, cuando se terminaba el empate 1-1 entre ambas selecciones, Fuentes cometió una falta de forma intencional y se ganó, tal como lo había planeado, la amonestación. Pero el avispado zaguero no contó con la torpeza del árbitro paraguayo Ubaldo Aquino, quien se olvidó de volcar la sanción en el informe oficial. Como la boda ya estaba programada, Fuentes se casó y salió de viaje, aunque no con su flamante esposa sino con sus compañeros de selección, hacia Lima, para jugar el 12 enero siguiente con Perú. La situación, que ya venía torcida, terminó de desplomarse cuando, pocas horas antes del partido, la federación peruana reclamó a la FIFA que Fuentes cumpliera la sanción. El organismo estudió rápidamente el caso y le dio la razón al pedido de la escuadra local. Sin "Luna de Miel", sin partido y sin puntos (Chile cayó por 2 a 1), el defensor aprendió que si algo puede salir mal, saldrá peor.

La tumba

La siguiente historia parece extraída de un relato fantástico de la "Noche de Brujas". Sin embargo, es tan espeluznante como verídico. El 30 de marzo de 1978, el equipo venezolano Portuguesa Fútbol Club recibió a Cerro Porteño de Paraguay en el estadio José Antonio Páez de la ciudad Acarigua, para protagonizar un partido correspondiente al grupo 5 de la Copa Libertadores. Pedro Pascual Peralta abrió el marcador para el conjunto local, mientras que el guaraní Gerardo González consiguipo el empate definitivo. Hasta ahí, todo normal. De hecho, el juego terminó sin incidentes. Sin embargo, el pitazo final del referí colombiano Orlando Sánchez dio comienzo a una historia pavorosa. Sánchez y sus asistentes —el local Vicente Llobregat y el peruano Enrique Labo Revoredo— se ducharon, cambiaron y abordaron un automóvil rumbo a Caracas, donde los dos árbitros extranjeros tenían previsto abordar sendos aviones que los llevaran de vuelta a sus patrias. Pero, a unos cinco kilómetros de haber dejado Acarigua, el vehículo fue interceptado por un grupo de hinchas de Portuguesa. Los tres jueces fueron amenazados con armas de fuego y sacados del automóvil a golpes y empujones. Sánchez fue arrastrado de los pelos hasta un descampado, donde se le entregó una pala y se lo obligó, a punta de pistola, a cavar una tumba donde los agresores amenazaban con enterrar su cuerpo. Aterrado y desamparado, el referí colombiano comenzó a horadar un pozo en la tierra, hasta que varias patrullas policiales aparecieron a tiempo para rescatarlo con vida. El club Portuguesa debió pagar una multa de cinco mil dólares y su estadio fue suspendido por un año. Sánchez nunca más regresó a Venezuela.

Suspensión original

Muchos partidos de fútbol fueron cancelados por copiosas lluvias. Varios, por granizo, niebla o nieve. Algunos, por fuertes vientos, torbellinos, huracanes. Lo que sucedió el 29 de agosto de 2005 es un caso único, extraordinario en 150 años de historia del fútbol: un encuentro se suspendió por... ¡la presencia de un iceberg! Sí, leyó bien: ¡un gigantesco témpano de hielo! El increíble suceso tiene una explicación, desde luego, enmarcada en un complejo contexto. Ese día jugaron una de las semifinales de la Copa de Groenlandia F.C. Malamuk, de la ciudad de Uummannaq, y Nagdlunguaq-48, de Nuuk, la capital groenlandesa. Casi cubierta por completo de hielos eternos, la isla de Groenlandia no posee demasiados lugares donde establecer un campo deportivo, y el único resquicio que los fanáticos de la pelota hallaron en Uummannaq es un terreno rocoso y carente de césped situado sobre la gélida Bahía de Baffin. Para acceder a la cancha —rodeada por el mar y escarpados y altos acantilados—, jugadores, árbitros y espectadores deben movilizarse en lanchas y pequeños barcos, que atracan en un muelle montado a pocos metros del campo de juego, paralelo a uno de los laterales. Ese día del verano boreal, mientras los muchachos de Malamuk y Nagdlunguaq-48 se disputaban el balón, uno de los casi mil hinchas que se congregaron a disfrutar del peculiar cotejo advirtió que un iceberg de gran tamaño —a pesar de que sólo se asoma una octava parte de su volumen— se acercaba peligrosamente al pequeño puerto y amenazaba con destruir las cientos de naves allí amarradas. El simpatizante dio la alarma y todo el mundo —el referí, los líneas y los futbolistas incluidos— dejó la pelota a un lado para correr hacia las embarcaciones, zarpar y evitar, aunque en otra escala, un "Titanic". Un largo rato más tarde, cuando el témpano pasó —no sin dejar un reguero de "cubitos" para el whisky junto a la línea de cal— y se derritió el peligro de imitar a Leonardo Di Caprio, el juego se reanudó y culminó con una victoria visitante 1-3.

La bruja

El 26 de julio de 1981, sesenta mil personas colmaron la capacidad del estadio "Nemesio Camacho" de Bogotá para presenciar el debut de Colombia en la eliminatoria rumbo al Mundial de España 1982, ante Perú. Para ese encuentro, el técnico argentino Carlos Bilardo, entrenador de la escuadra "cafetera", había contratado una "bruja" llamada Beatriz Becerra, una mujer de Cali a la que se le atribuían poderes sobrenaturales, y la llevó al coliseo para que colaborara con su trabajo. Bilardo hizo entrar a la mujer al vestuario para que transmitiera sus supuestos dones a los jugadores y ayudara al equipo local a ganar. Las presuntas facultades de Becerra parecieron activarse cuando Pedro Zape, a los 40 minutos, detuvo un penal lanzado por Teófilo Cubillas. La magia "volvió a funcionar" a los 20 minutos del complemento, cuando Hernán Darío Herrera abrió el marcador. Pero, a cuatro minutos del final, Guillermo la Rosa anotó la igualdad definitiva. El tanto privó a Colombia de arrancar con una victoria y a la bruja Becerra de conservar su trabajo: Bilardo la despidió en cuanto regresó al camarín.

Festejo caliente

Poco antes de viajar a Estados Unidos para dirigir a su equipo a lo largo de la Copa de Oro de la CONCACAF de 2015, el técnico de la selección mexicana, Miguel "Piojo" Herrera, mantuvo una brava disputa con un periodista de Televisión Azteca, Christian Martinoli. Irritado por la crítica de Martinoli hacia el desempeño de su equipo en la Copa América de Chile, eliminada en la ronda inicial, Herrera salió de sus casillas durante una entrevista concedida a un canal de deportes: "Hay un pendejo que me ataca. En algún momento me lo voy a cruzar, y ahí discutiré con él. Simplemente será debatir". Martinoli, reconocido por su estilo picante y afilado, no dejó pasar la bravuconada y respondió a través de su cuenta en la red social Twitter: "La elegancia del entrenador nacional me encanta. No es porrista, es barrabrava". "No soy eso, pero ojalá en algún lugar te pueda encontrar. Para arreglar las diferencias", insistió Herrera. La caldera comenzaba a levantar presión.

Superados los acalorados partidos de cuartos y semifinal ante Costa Rica y Panamá en la Copa de Oro de 2015, México venció sin demasiado esfuerzo a Jamaica en la final disputada en el Lincoln Financial Field de Filadelfia, por tres a uno. A la mañana siguiente, el plantel azteca llegó al Philadelphia International Airport para abordar un vuelo de regreso a su país. Al ingresar al salón de partidas de la estación aérea, Herrera descubrió a Martinoli, quien había viajado a Estados Unidos para relatar los partidos y también estaba a punto de retornar a México. El Piojo, sin mediar palabra, salió disparado, como un toro a una capa roja, y lanzó una trompada que impactó contra el cuello del periodista. Sólo la intervención de otro enviado especial de TV Azteca, Luis García, evitó que Herrera castigara todavía más a Martinoli, aunque a costa de recibir algunos golpes que tenían como destinatario a su compañero. "No soy de calentarme. Estuve mal, no es lo que tiene que hacer nadie. Así no se deben arreglar las cosas. Soy de mecha corta sí, por momentos explosivo, pero no soy una persona agresiva", se defendió el entrenador horas más tarde, en otra entrevista televisiva. "Fue una situación personal, con mi familia. Me molestó. En ese momento perdí los estribos: lo vi, me cegué y ya. Pero cuando eres una persona pública no puedes tomar esas determinaciones", insistió. El descargo no sirvió de nada. "La violencia no cabe en la sociedad, en la familia y mucho menos en ningún deporte. Nadie que quiera imponerse con agresiones y no con ideas y conceptos sobre el principio de la libertad de expresión puede ser miembro de la Federación Mexicana de Futbol. La afición mexicana merece respeto, merece figuras íntegras que representan lo que deseamos que sea el futbol nacional. A pesar de una carrera extraordinaria y llena de éxitos tanto en la cancha como en la dirección técnica, los resultados no pueden ponerse por encima de nuestros estatutos, reglamentos, respeto y la libertad de expresión. La Federación Mexicana de Futbol, las diferentes ligas que la constituyen y sobre todo en nuestra Selección Nacional deben ser un ejemplo para las nuevas generaciones y lo ocurrido no muestra el espíritu de competencia leal que queremos impulsar para el balompié nacional", advirtió el presidente de la Federación Mexicana de Futbol, Decio de María Serrano, al justificar el despido del belicoso Herrera.

Bibliografía

* "ABC, Diccionario Enciclopédico del Fútbol". AGEA, Buenos Aires, 2000.

* Ash, Russell, y Morrison, Ian; "Top ten of football". Hamlyn, Londres, 2010.

* Baingo, Andreas; "100 moments forts de la Coupe du Monde de football". Chantecler, Aartselaar, 1998.

* Balagué, Guillem; "Pep Guardiola, otra manera de ganar". Roca Editorial, Barcelona, 2013.

* Ball, Phil; "Morbo: the story of Spanish football". WSC Books Limited, Londres, 2003.

* Barbui, Sergio, y Lafourcade, Pablo; "La historia del fútbol argentino en 1.500 frases". Planeta, Buenos Aires, 2011.

* Barnade, Oscar; "Historias increíbles de Argentina en la Copa América". Ediciones Al Arco, Buenos Aires, 2011.

* Barnade, Oscar; "Copa América increíble, anécdotas imperdibles". Ediciones Al Arco, Buenos Aires, 2015.

* Barret, Norman; "The Daily Telegraph chronicle of football". Carlton Books, Londres, 2001.

* Bilardo, Carlos; "Así ganamos". Sudamericana/Planeta, Buenos Aires, 1986.

* Bilardo, Carlos; "Doctor y campeón". Editorial Planeta, Buenos Aires, 2014.

* "Biblioteca total del fútbol, el deporte de los cinco continentes". Editorial Océano, Madrid, 1982.

* "Biblioteca total del fútbol, de los orígenes al Mundial". Editorial Océano, Madrid, 1982.

* Brown, Paul; "The victorian football miscellany". Superelastic, Milton Keynes, 2013.

* Burns, Jimmy; "La roja". Nation Books, Nueva York, 2012.

* Campomar, Andreas; "Golazo". Club House, Buenos Aires, 2014.

* Carlisle, Jeff; "Soccer's most wanted II". Potomac Books, Virginia, 2009.

* Casar González, Alejandro; "Pasó de todo". Planeta, Buenos Aires, 2015.

* Confederación Sudamericana de Fútbol; "Historia de la Copa América". Segunda edición, Asunción, 2007.

* "Copa Libertadores de América - 30 años". Confederación Sudamericana de Fútbol, Buenos Aires, 1990.

* Correa López, Juan; "Mi Nacional". Ediciones B, Bogotá, 2014.

* Crossan, Rob; "Football extreme". John Blake Publishing Ltd., Londres, 2011.

* Cruyff, Johan; "14. La autobiografía". Editorial Planeta, Buenos Aires, 2017.

* Dély, Renaud; "Brèves de football". François Bourin Editeur, París, 2010.

* Díaz, Juan Manuel, y otros; "La pelota nunca se cansa". Editorial Base, Barcelona, 2007.

* Editorial Abril; "El libro del fútbol". Editorial Abril, Buenos Aires, 1976.

* Escobar Bavio, Ernesto; "Alumni, cuna de campeones". Editorial Difusión, Buenos Aires, 1953.

* Esses, José, y Lisica, Federico; "Siamo fuori". Planeta, Buenos Aires, 2014.

* Etchandy, Alfredo; "El mundo y los mundiales". Ediciones del Caballo Perdido, Montevideo, 2008.

* Fabbri, Alejandro; "Historias negras del fútbol argentino". Capital Intelectual, Buenos Aires, 2008.

* Fabbri, Alejandro; "Nuevas historias negras del fútbol argentino". Capital Intelectual, Buenos Aires, 2010.

* Foer, Franklin; "How soccer explains the world". Harper Collins, Nueva York, 2004.

* Foot, John; "Calcio, A History of Italian Football". Harper Perennial, Londres, 2007.

* Fucks, Diego; "Duelo de guapos". Distal, Buenos Aires, 2005.

* Galeano, Eduardo; "El fútbol a sol y sombra". Catálogos, Buenos Aires, 1995.

* Galvis Ramírez, Alberto; "100 años de fútbol en Colombia". Planeta, Bogotá, 2008.

* Glanville, Brian; "Historia de los Mundiales de fútbol". TyB Editores, Madrid, 2006.

* Godsell, Andrew; "Europe United". Sports Books, Chentelham, 2005.

* Goldblatt, David; "The ball is round". Penguin Books, Londres, 2006.

* González, Carlos; Navarrete, Luis; Quezada, Braian; "La roja". RIL Editores, Santiago de Chile, 2014.

* González, Carlos Eduardo; "Santa Fe, la octava maravilla". Ediciones B, Bogotá, 2015.

* Gutiérrez, Miguel; "Frases de fútbol". Roca Editorial, Buenos Aires, 2014.

* Harvey, Adrian; "Football, the first hundred years. The untold story". Routledge, Londres, 2005.

* Hernández Bonnet, Javier; "Colombia es Mundial". Editorial Planeta, Bogotá, 2013.

* Hernández Bonnet, Javier; "El método Pekerman". Planeta, Bogotá, 2015.

* Hesse-Lichtenberger, Ulrich; "Tor! The story of German football". WSC Books, Londres, 2003.

* Hirshey, David, y Bennett, Roger; "The ESPN World Cup companion". Ballantine Books, Nueva York, 2010.

* "Historia del Fútbol Argentino". Diario La Nación, Buenos Aires, 1994.

* "Historia del fútbol argentino". Editorial Eiffel, Buenos Aires, 1955.

* "Historia El Gráfico de la selección argentina". Revista El Gráfico, Buenos Aires, 1997.

* Hofmarcher, Arnaud; "Carton rouge". Le cherche midi, París, 2010.

* Inglis, Simon; "The football grounds of Great Britain". Willow Books, Londres, 1987.

* Iucht, Román; "La vida por el fútbol. Marcelo Bielsa, el último romántico". Sudamericana, Buenos Aires, 2010.

* Iwanczuk, Jorge; "Historia del fútbol amateur en la Argentina". Jorge Iwanczuk, Buenos Aires, 1992.

* Kuper, Simon; "Soccer against the enemy". Nation Books, Nueva York, 2006.

* Lauduique-Hamez, Sylvie; "Les incroyables du football". Calmann-Levy, París, 2006.

* Lawson, Trevor; "Britain's funniest football quotes". Edición del autor, Londres, 2013.

* "Les miscellanées du foot". Éditions Solar, París, 2009.

* Lisotto, Pablo; "50 grandes momentos de la Copa América". Ediciones Al Arco, Buenos Aires, 2015.

* Litvin, Aníbal; "1.000 datos locos del fútbol mundial". V&R Editoras, Buenos Aires, 2013.

* Lodge, Robert; "1001 bizarre football stories". Carlton Books, Londres, 2010.

* Lowndes, William; "The story of football". The Sportsmans Book Club, Londres, 1964.

* Ludden, John; "Los partidos del siglo". TyB Editores, Madrid, 2010.

* Mac William, Rab; "We are the champions". Endeavour Press, Londres, 2013.

* Mármol de Moura, Marcelo; "Los 200 partidos más curiosos del fútbol argentino". Corregidor, Buenos Aires, 2014.

* Mas, Sergi; "Anécdotas de fútbol". Libros Cúpula, Barcelona, 2009.

* Masnou, Albert, y otros; "La pelota nunca se cansa". Editorial Base, Barcelona, 2007.

* Matthews, Tony; "Football oddities". The History Press, Stroud, 2009.

* Moore, Kevin; "Museums and popular culture". Continuum International Publishing Group, Londres, 2000.

* Murray, Colin; "A random history of football". Orion Books, Londres, 2010.

* Palermo, Martín; "Titán del gol y de la vida, mi autobiografía". Planeta, Buenos Aires, 2011.

* Peredo, Daniel; "Los 500 datos caletas de la Copa América". De Chalaca, Lima, 2011.

* Prats, Luis; "La crónica celeste". Fin de Siglo, Montevideo, 2010.

* Phythian, Graham; "Colossus". Tempus Publishing Ltd., Stroud, 2005.

* Radnedge, Keir; "Histoire de la Coupe du Monde". Gründ, París, 2006.

* Radnedge, Keir; "50 years of the Champions League and the European Cup". Carlton Books, Londres, 2005.

* Relaño, Alfredo; "366 historias del fútbol mundial que deberías saber". Ediciones Martínez Roca, Madrid, 2010.

* Relaño, Alfredo; "Tantos Mundiales, tantas historias". Roca Editorial, Barcelona, 2014.

* Rey, Alfonso, y Rojas, Pablo; "El fútbol argentino". Ediciones Nogal, Buenos Aires, 1947.

* Rice, Jonathan; "Curiosities of football". Pavilion Books, Londres, 1996.

* Risolo, Donn; "Soccer stories". University of Nebraska Press, Lincoln, 2010.

* Roland, Thierry; "La fabuleuse histoire de la Coupe du Monde". Minerva, París, 2002.

* Samper Camargo, Nicolás, y otros; "Bestiario del balón". Aguilar, Bogotá, 2008.

* Sanders, Richard; "Beastly fury, the strange birth of british footbal". Bantam Books, Londres, 2009.

* Seddon, Peter; "The World Cup's strangest moments". Portico, Londres, 2005.

* Señorans, Jorge; "Son cosas del fútbol". Fin de Siglo, Montevideo, 2014.

* Sharpe, Graham; "500 strangest football stories". Racing Post Books, Compton, 2009.

* Simpson, Paul, y Hesse, Uli; "Who invented the bicycle kick?". Harper Collins, Nueva York, 2014.

* Snyder, John; "Soccer's most wanted". Potomac Books, Virginia, 2001.

* Sottile, Marcelo; "Lionel Messi, el distinto". Arte Gráfico Editorial Argentino, Buenos Aires, 2013.

* Southgate, Vera; "The story of football". Ladybird Books, Londres, 2012.

* Suárez, Luis; "Mi vida". Planeta, Montevideo, 2014.

* Tabares, Javier, y Bolaños, Eduardo; "Esto (también) es fútbol". Planeta, Buenos Aires, 2012.

* Tabares, Javier, y Bolaños, Eduardo; "Esto (también) es fútbol de Selección". Planeta, Buenos Aires, 2013.

* Talic, Daniel, y De Lucca, Guillermo; "Diccionario del fútbol". Claridad, Buenos Aires, 2009.

*Taylor, Daniel, "I believe in miracles". Headline, Londres, 2015.

* Thomson, Gordon; "The man in black". Prion Books Limited, Londres, 1998.

* Tovar, Jorge; "Números redondos". Grijalbo, Bogotá, 2014.

* Urrutia O'Nell, Luis; Colo-Colo 1973, el equipo que retrasó el golpe". Ediciones B, Santiago de Chile, 2012.

* Venegas Traverso, Cristián; "Fuera de juego". Editorial Forja, Santiago de Chile, 2013.

* Ward, Andrew; "Football´s strangest matches". Portico, Londres 2002.

* Wernicke, Luciano; "Curiosidades Futboleras". Editorial Sudamericana, Buenos Aires, 1996.

* Wernicke, Luciano; "Curiosidades Futboleras II". Editorial Sudamericana, Buenos Aires, 1997.

* Wernicke, Luciano; "Fútbol increíble". Ediciones de la Flor, Buenos Aires, 2001.

* Wernicke, Luciano; "Nuevas curiosidades futboleras". Ediciones Al Arco, Buenos Aires, 2008.

* Wernicke, Luciano; "Historias insólitas de los Mundiales de fútbol". Planeta, Buenos Aires, 2010.

* Wernicke, Luciano; "Historias insólitas del fútbol". Planeta, Buenos Aires, 2013.

* Wernicke, Luciano; "James, nace un crack". Planeta, Bogotá, 2014.

* Wernicke, Luciano; "Historias insólitas de la Copa Libertadores". Planeta, Buenos Aires, 2015.

* Wernicke, Luciano; "Curiosidades de la Copa América". Ediciones Al Arco, Buenos Aires, 2015.

* Wilson, Jonathan; "Inverting the pyramid". Orion Books, Londres, 2009.

* Wilson, Jonathan; "The outsider, a history of the goalkeeper". Orion Books, Londres, 2012.

Diarios

* Argentina: Clarín, La Nación, Olé, Diario Popular, Crónica, La Prensa, La Razón, Uno, Libre, Página/12.

* Bolivia: La Razón.

* Brasil: O Estado, Lance, Folha de Sao Paulo.

* Chile: La Tercera, El Mercurio.

* Colombia: El Tiempo, El País.

* Ecuador: Hoy, El Telégrafo.

* España: As, Marca, El Mundo, El País, La Vanguardia, Mundo Deportivo, ABC de Sevilla.

* Estados Unidos: New York Times, New York Post, Los Ángeles Times, Los Ángeles Sentinel.

* Francia: Le Dauphiné.

* Italia: Corriere Della Sera, La Repubblica.

* Paraguay: ABC Color.

* Perú: El Comercio, El Nacional.

* Reino Unido: Daily Mail, The Times, Evening Stardard, Daily Telegraph, Daily Mirror, The Independent, Herald Scotland, WalesOnLine.

* Uruguay: El País, El Observador.

* Venezuela: El Universal.

Revistas

* Campeón (Argentina)

* El Gráfico (Argentina)

* Four Four Two (Reino Unido)

* Guerin Sportivo (Italia)

* Mundo deportivo (Argentina)

* Placar (Brasil)

* Soho (Colombia)

* Sports Illustrated (Estados Unidos)

* Total Football (Reino Unido)

* Un Caño (Argentina)

Agencias de Noticias

* Diarios y Noticias (DyN-Argentina)

* Telam (Argentina)

* Reuters (Reino Unido)

* Deutsche Presse Agentur (DPA-Alemania)

* EFE (España)

* Agence France Press (AFP-Francia)

* Agenzia Nazionale Stampa Associata (ANSA-Italia)

* United Press International (UPI-Estados Unidos)

* Asociated Press (AP, Estados Unidos).

«Para Wernicke, el fútbol no se puede contar solo con resultados y estadísticas, sino también a través de las historias humanas que hay alrededor de este deporte, y que la próxima Copa del Mundo prepara terreno para sembrar otras más».

CNN México

«Luciano Wernicke es un espía de larga trayectoria. Desde 1930, este astuto profesional ha logrado inmiscuirse en todos los campeonatos mundiales de fútbol. Disfrazado de mosquito o de banderín del córner, ha logrado averiguar secretos que recién ahora se atreve a revelar. Nosotros, los futboleros, agradecidos. Era hora».

Eduardo Galeano

Por el mismo autor:

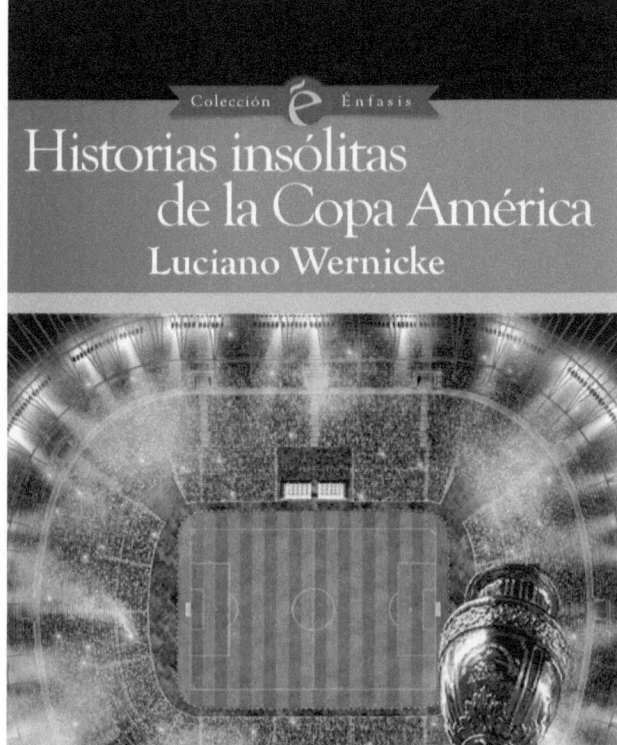

www.sudaquia.net

«El periodista argentino Luciano Wernicke es un historiador del fútbol que se ha encargado de recoger las anécdotas más jugosas de este y otros torneos».

BBC Mundo

«Los amantes de los deportes siempre están detrás de títulos, cifras y anécdotas. Para ellos, Luciano Wernicke se ha convertido en el historiador de historias».

John Rojas, NY1

«Luciano Wernicke conoce como nadie el mundillo del deporte, sobre todo el fútbol».

Camilo Egaña – CNN en Español

Por el mismo autor:

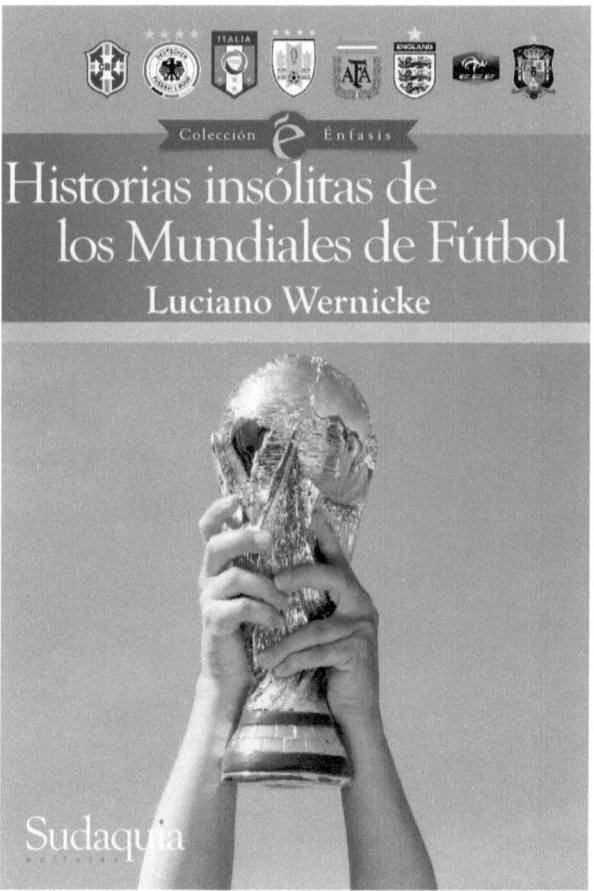

www.sudaquia.net

Otros títulos de esta colección:

Retrato de un caníbal — Sinar Alvarado
Memorias de la inconformidad — Mariza Bafile
Eco divino — Rev. Alexis Bastidas
El barro y el silencio — Juan David Correa
Enrisco para presidente — Enrique Del Risco
Siempre nos quedará Madrid — Enrique Del Risco
Boves, el Urogallo — Francisco Herrera Luque
La luna de Fausto — Francisco Herrera Luque
Entre el amor y la locura — César Landaeta
Nadie nos enseñó a ser padres — César Landaeta
El útimo rostro de Chávez — Albinson Linares
El hijo de Mister Playa — Mónica Maristain
La forma inicial — Ricardo Piglia
La trivialidad del mal — Emmanuel Rincón
Vivir poéticamente — Armando Rojas Guardia
Historias insólitas de la Copa América — Luciano Wernicke
Historias insólitas de los Mundiales de Fútbol — Luciano Wernicke

www.sudaquia.net

www.ingramcontent.com/pod-product-compliance
Lightning Source LLC
Chambersburg PA
CBHW030146100526
44592CB00009B/144